Regula Venske

Ach Fanny!

Satz: Limone, Berlin
Druck: Oktoberdruck, Berlin
Umschlaglithographie: art scan, Berlin

Umschlagentwurf: Jürgen Holtfreter
Herstellung: Anita Meier
Zeichnungen auf den Seiten 42 - 45: Marit Roloff

1. Auflage
Printed in Berlin (West)
ISBN 3-88520-264-6

ELEFANTEN PRESS GALERIE
Zossener Str. 32
1000 Berlin 61

ELEFANTEN PRESS VERLAG
Postfach 30 30 80
1000 Berlin 30

CIP-Kurztitelaufnahme der Deutschen Bibliothek

Venske, Regula:
Ach Fanny! Vom jüd. Mädchen zur preuss. Schriftstellerin:
Fanny Lewald / Regula Venske. – 1. Aufl. – Berlin (West):
Elefanten Press, 1988
(EP ; 264 : Kinderbuchreihe)
ISBN 3-88520-264-6
NE: GT

Regula Venske

Ach Fanny!

Vom jüdischen Mädchen
zur preußischen Schriftstellerin:
Fanny Lewald

ELEFANTEN PRESS

Inhalt

Fanny Lewald
(nach dem Aquarell des Wiener Malers Michel Stohl, 1861).

Oldenburger Jugendbuchpreis 1987

Aus der Begründung der Jury:
»›Ach Fanny!‹ entwirft, als Sachbuch eigener Qualität (...) das exemplarische Lebensbild einer Frau, die das Bedrängende und Schwierige ihres Leben produktiv wendet und Probleme angeht, welche bis in die Gegenwart herein gerade auch junge Menschen intensiv beschäftigen.

Daß dieses Lebensbild ohne falsche Überhöhung den Sinn für die geschichtliche Bedingtheit unserer Gegenwart zu wecken vermag (...) und daß wir, dank der Preisträgerin, uns immer noch mit dieser Person Fanny Lewald am Küchentisch unserer Imagination treffen und, Schmalzbrote kauend oder Bonbons lutschend, vergnüglich streiten können, das nahm die Jury als Beleg dafür, daß hier ein Buch vorliegt, das Notwendigkeit besitzt, das preiswürdig ist, ein Muß-Buch also im besten Sinne.«

1989 wird man des 100. Todesjahres der preußisch-jüdischen Schriftstellerin Fanny Lewald (1811–1889) gedenken können.

Ich habe dies zum Anlaß genommen, über die Lebensgeschichte und literarische Entwicklung Fanny Lewalds zu berichten.

Die hier einmontierten Zitate — aus über 20.000 Seiten des Lewaldschen Werks — sind durch *Kursiv-Schrift* erkenntlich.

Die Schreibweise wurde modernisiert, zum Teil wurden die Zitate auch im Satzbau verändert oder gekürzt, der Sinn aber nicht entstellt.

Regula Venske

Phantasie

Gestern abend hatte ich mal wieder Streit mit Fanny.

Wir saßen in der Küche, tranken Tee – dünnen Tee – und aßen dazu Schmalzbrote – dünne Schmalzbrote. So mag sie es am liebsten.

»Also wirklich, Fanny«, platzte ich schließlich, »das kannst du doch nicht im Ernst behaupten, Phantasie sei eine *gefährliche Göttergabe!* Du siehst anscheinend nur die negativen Seiten der Phantasie, verstehst sie nur als *Traumgebilde,* was weiß ich, als *Schreckbilder!*«

»Ja, *die finsteren Gebilde der Nacht*«, warf Fanny ein.

»Aber – ich verstehe dich nicht.« Diesmal wollte ich es genauer wissen. »Wie meinst du das?«

»Phantasie gleicht dem trügerischen Irrlichte«, belehrte mich Fanny, »ja, einem Irrlicht, *das uns nur zu leicht und zu oft mit blendend schönem Scheine in das Verderben lockt.*«

Eben schmierte sie sich ihre vierte Stulle. Ich reichte ihr den Salzstreuer über den Tisch. »Welches Verderben denn, Fanny?«

»Phantasie selbst ist schon Verderben. *Mit all seiner Vernunft kommt man oft nicht gegen seine Phantasie auf.*«

»Du siehst das zu einseitig. Phantasie kann doch auch etwas Schönes, Buntes sein. Man ist zum Beispiel verliebt – «

»Papperlapapp«, unterbrach mich Fanny. »*Erregbarkeit – Weichheit des Herzens* – nichts als *törichtes Spiel!*«

Sie biß von ihrer Stulle ab. Ich wollte etwas sagen, aber sie redete noch mit vollem Mund weiter.

»Törichtes Spiel der sich verlierenden Frauennatur. Krankheit und *Fieberwahn*«, so steigerte sie noch.

Ich merkte, mit dem Thema hatte ich einen empfindlichen Nerv getroffen. Ich ließ sie erst einmal ausreden.

»Die zügellose Phantasie der Unbildung, das ist doch *die gefährlichste Mitgift für die Ehe.* Überhaupt – *vor keinem Feinde sollte man sich so sehr fürchten, als vor der eignen Phantasie.*«

Sie hatte ihr Brot aufgegessen und tupfte sich den Mund mit einem Taschentuch ab – kein Papiertaschentuch, sondern ein hübsches, blumenbesticktes Läppchen mit einem zarten, gehäkelten Spitzenrand.

»Ja, die Phantasie ist sozusagen *der Feind im Innern – der schlimmste Feind, denn niemand kennt unsere tödlichen Stellen so gut als wir selbst.*«

Ich war sprachlos. Alles, was ich gerade noch fertigbrachte, war, unwillig den Kopf zu schütteln. Aber unbeirrt fuhr sie fort: *»Jedem äußeren Feinde tritt man mit Härte und Energie entgegen ... Wer aber kämpft so ernstlich gegen sich selbst, als gegen einen andern? – Wen schmerzt der Sieg nicht über das verzogene Kind des eignen Wesens?*«

Da hatte ich mich endlich wieder gefangen. »Du sagst es ja selbst«, griff ich sie an, »das Kind des eigenen Wesens! Kinder haben Phantasie, und deshalb beneiden die Erwachsenen sie auch. Und Dichter haben Phantasie – gerade du müßtest das doch wissen.«

Fanny lächelte geschmeichelt. »Nun ja ...«

Sie nippte an ihrer Tasse, vermutlich war der Tee inzwischen nur noch lauwarm. *»Die Beschäftigung der Phantasie mit heitern Bildern, das heißt die Dichtung, namentlich das Märchen –*«

Sie ließ den Blick durch die Küche schweifen. Jetzt ließ ich nicht locker. »Du gibst also zu, daß Phantasie auch etwas Heiteres sein kann und daß Dichter und Märchenerzähler Phantasie brauchen. Wie war das denn bei dir als Kind? Hast du dir da nicht Dinge ausgemalt? Hast du keine Tagträume gehabt?«

Sie seufzte. »Ach weißt du – *Ich glaube, mehr unnötige Angst als ich hat sich nicht leicht ein Kind geschaffen.* Ich war ja sehr empfindlich, übertrieben –«

»Erzähl doch mal von dir!« Ich versuchte, sie aus der Reserve zu locken. »Wovor hattest du Angst?«

»Ach, es war eine *Furcht vor einzelnen Eindrücken, wie vor dem Krähen eines Hahnes oder vor lauten Trompetenklängen - die mich in den ersten Lebensjahren ganz außer mich brachten.* Aber mein Vater hat mich schließlich *dadurch abgestumpft, daß er absichtlich Hähne im Hofe hielt, und mich immer selbst auf die Wachparade brachte,* damit ich mich eben daran gewöhnte.«

»Und das findest du etwa gut?«

»Ja, sicher. Du nicht?« Fanny tat, als würde sie sich über mein Erstaunen wundern. »Die *Gewaltmaßregeln* meines Vaters hatten ja nur den Zweck, mich *verläßlich, fest und selbständig* zu machen. Er hat mir eben die *weibliche Empfindlichkeit* ausgetrieben.« Sie lachte. »Wenn ich mich zum Beispiel vor einem *Frosch* oder einer *Spinne* ekelte, *so erhielten meine Brüder* die *Erlaubnis, sie mir in die Hand zu drücken.* Oder wenn mein Vater sah, *daß gewisse Töne, wie das Quietschen von Messern auf Porzellan, mich unangenehm berührten, so erhielten die Brüder Erlaubnis, mir solch ein Tellerkonzert vorzumachen.*«

Sie kratzte mit ihrem Messer über den Teller. Mir lief ein kalter Schauder den Rücken runter.

»Hör auf«, bat ich. »Ich bin nicht so abgehärtet wie du.«
Fanny kicherte, dann wurde sie wieder ernst.

»Na, das sind aber *Kleinigkeiten neben den Schrecken, mit denen meine Phantasie mich ängstigte. Gespensterfurcht habe ich in früher Kindheit nicht gekannt, aber wenn man mich abends zu Bett gelegt hatte, sah ich immerfort Gestalten vor Augen: Riesen, Städte, Vögel, Zwerge, Menschen*, die ich kannte, *Bilder, die unablässig wechselten, unablässig ineinander flossen, sich neu gestalteten, wieder verschwanden, deren Hast sich steigerte, je mehr ich mich davor zu fürchten begann*. Oder Männer in seltsamen Kostümen, deren Bilder bei uns im Flur hingen. Ob es *biblische Helden* waren, oder *Zauberer* oder *Ritter* – ich wußte es nicht.«

»Und wie hat dein Vater dir das ausgetrieben? Hat er selbst Gespenst gespielt?« fragte ich spöttisch.

»Nein, *meine Eltern hatten große Geduld mit mir. Die Mutter saß oft stundenlang an meinem Bette, um mich zu beschwichtigen, der Vater redete mir mit Ernst zu, so weit ich mit meinen sechs Jahren* das verstehen konnte. Nur wenn nichts half, schimpfte er und gab mir auch *ein paar Schläge*, aber das war ebenso heilsam wie *ein ableitendes Blasenpflaster.*«

Also doch, so etwas hatte ich ja vermutet. Ich schwieg aber dazu, denn auf ihren Vater läßt meine Freundin gar nichts kommen. Lieber hakte ich noch einmal nach:

»Riesen, Städte, Vögel, solche Bilder sind doch phantastisch! Du konntest dir gegen jede Langeweile helfen. Ihr hattet noch kein Fernsehen, aber du hast dir schon selbst dein Programm entworfen. Hat das nicht Spaß gemacht, Lust, wie im Kino, oder wenn man sich vorstellt, in fremde Länder zu reisen?«

Fanny schob den Teller, auf dem sie die ganze Zeit über

herumgeschabt hatte, von sich. »*Meine Phantasie vernichtete zu meinem Schaden alle Trennungen durch Raum und Zeit.*«

Da reichte es mir. Ich schmiß sie raus. »Hau bloß ab«, habe ich sie angeschrien. »So bald brauchst du dich hier nicht mehr blicken zu lassen mit deinen altmodischen Belehrungen.«

Ich habe die Wohnungstür hinter ihr zugeworfen und bin in mein Zimmer gegangen. Ich sitze gern an meinem Schreibtisch und schaue aus dem Fenster in das dichte Grün der Pappeln, die sich dort im Wind bewegen. Ab und zu läßt sich eine Elster auf einem Zweig nieder. Wenn die Balkontür offensteht, habe ich immer etwas Angst, daß sie mir mal einen Ring stibitzen wird. Oder einen silbernen Traum.

Ach papperlapapp, beruhigte ich mich selber. Fanny meint es nicht so. Und ich werde sie einfach mal dazu bringen müssen, »Momo« und »Die unendliche Geschichte« zu lesen. Vielleicht bringt es was, mal darüber zu reden und nicht immer nur über ihren geliebten Goethe. Eigentlich ist sie doch ganz nett.

Aber hier stand es schwarz auf weiß. Fannys Tagebuch lag vor mir auf dem Tisch. »Gefühltes und Gedachtes« hatte sie darüber geschrieben. Darin konnte ich es nachlesen:

»*Vor keinem Feinde sollte man sich so sehr fürchten, als vor der eignen Phantasie. Jedem äußeren Feinde tritt man mit Härte und Energie entgegen, und eine gewisse Schadenfreude und die Lust am Siege sind gute Hilfstruppen. Wer aber kämpft so ernstlich gegen sich selbst, als gegen einen andern? – Wen schmerzt der Sieg nicht über das verzogene Kind des eignen Wesens? Und doch ist der Feind im*

Innern der schlimmste Feind, denn niemand kennt unsere tötlichen Stellen so gut als wir selbst.«

Und darunter stand: *4. März 1838.*

Ja, Fanny ist tot. Sie starb vor hundert Jahren, im August 1889. Aber sie lauert mir auf, sitzt vielleicht jetzt schon wieder hinter meinem Rücken auf dem Sofa. Sie versteckt sich nicht, das hat sie nicht nötig. Offen und ungeniert macht sie es sich bequem, wartet geduldig auf eine günstige Gelegenheit, wie die Elster in der Pappel vor meinem Fenster. Fanny liebt blitzende Gedanken. Sie läßt mich nicht los. Und nun habe ich mich wohl oder übel mit ihr angefreundet.

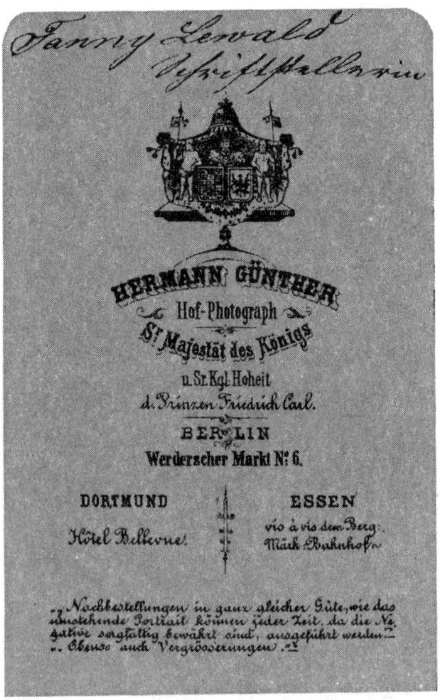

In einem Buchladen für alte und kostbare Bücher, einem Antiquariat, fand ich ein Foto von ihr. Fanny Lewald, Schriftstellerin, steht auf der Rückseite, und der Name des Fotografen: »Hermann Günther, Hof-Photograph Seiner Majestät des Königs und Seiner Königlichen Hoheit des Prinzen Friedrich Carl. Berlin, Werderscher Markt No. 6 – Dortmund Hotel Bellevue – Essen vis à vis dem Berg: Märkischer Bahnhof.« Um 1875 wurde das Foto aufgenommen. 1875 – wie lang ist das her. Das deutsche Reich war gerade ein paar Jahre alt, noch frisch geeint. Und heute gehört Fanny Lewalds Heimatstadt, damals Königsberg in Ostpreußen, zur Sowjetunion.

Lange her – man sieht es auch an ihrer Kleidung. »Gefaltete, gepuffte, gerüschte, übereinandergezogene Kleidermengen«, wie der österreichische Schriftsteller Robert Musil einmal »das Kleid der veralteten Frau« beschrieb. Das Kleid plustert sich auf wie ein dickes Federbett, die Fülligkeit dessen, was darunter steckt, wird dadurch noch betont. Den hohen Pappbusen trägt sie mit Selbstbewußtsein, hält die Arme – nicht stützend, sondern unterstreichend – leicht verschlungen darunter. Was hängt da an einer Kette herab, ein Schlüssel? Stolzes Zeichen der Hausfrau, oder verschloß sie damit ihren Schreibtisch, damit niemand in ihrer Abwesenheit heimlich in ihren Papieren schmökern konnte? Der weiße Spitzenkragen wird mit einer Brosche zusammengehalten. Wessen Bild trägt sie in dem Medaillon? Vielleicht ist es ihr Vater, der geliebte und gefürchtete Gott ihrer Jugend? Oder aber ihr Mann, Adolf Stahr, den sie auch so sehr bewunderte? Hatte sie Angst, den Geliebten zu vergessen, wenn sie nicht seine Erkennungsmarke eng am Halse trug?

Ich vertiefe mich in ihr Gesicht. Sie blickt an mir vorbei, in eine weite ferne Leere hinein. Prüfend und abwägend, stolz ist ihr Blick. Trotz der großen Nase und des spöttisch geschürzten Mundes scheint ihr Gesicht nur ganz aus diesem Blick zu bestehen: die wörtliche Bedeutung von Ge-Sicht.

Und sie hat gar nichts Lächerliches an sich, auch wenn ihre Haartracht so »lange her« aussieht. Ist der Schleier als Zierde gedacht, oder ist das ein Witwenschleier? Ihr Mann starb 1876. Ein bißchen kokett wirkt aber das schwarze Schleifchen im Haar über der hohen, kahlen Stirn. Und einen Ohrring trägt sie, mit drei herabhängenden Tropfen.

Fanny scheint es zu lieben, sich maßvoll zu schmücken.

Dreißig Jahre zuvor, 1846, hat eine Malerin sie in einem Gemälde festgehalten. Schön und üppig sieht sie da aus. Die dunklen Haare hängen in Locken herab, so daß die großen Ohrgehänge in ihnen versteckt scheinen.

Der Schnitt der Bluse erinnert an ein ausgeschnittenes T-Shirt, aber damals gab es zierlichste Spitzen im Überfluß. Ein Medaillon hält sie im Ausschnitt zusammen.

Fannys Blick ist gleichzeitig nachdenklich und unbestimmt, nicht so zielgerichtet wie auf dem späteren Foto. Wohin schaut sie – geradezu empor? Der Blick des Betrachters geht in die andere Richtung, nach unten. Man schaut auf den weißen Hals, auf das Medaillon, von dort auf den dazu passenden Armreif. Wo sich ihre Hände – an jeder Hand ein Ring – überkreuzen, wird der Blick des Betrachters aus dem Bild abgelenkt. Wie merkwürdig: Die eine Hand

liegt nachlässig über der anderen, diese jedoch ist zur Faust geballt. Welche Widersprüche sind es, die sie beschäftigen? Stolz aber sieht auch sie aus, stolz und frei.

In ihrer »Lebensgeschichte« hat Fanny beschrieben, wie sie als junges Mädchen wirkte. Sie hatte prächtige dunkle Locken und hübsche wache Augen, aber sie war blaß und mager, und darunter litt sie sehr. Als sie fünfzehn Jahre alt war, stand sie einmal mit ihrem Vater und anderen in einer Menschenmenge, um einen Schnelläufer anzusehen. Da hörte sie, wie einer aus einer Gruppe von Studenten, die hinter ihnen standen, zu seinem Freund sagte: »... *hat das Mädchen schöne Augen! wird die hübsch werden!*«

»*Mir flammte das Gesicht*«, schreibt Fanny, »*aber nicht vor Scham, sondern vor unaussprechlichem Vergnügen. Der Läufer hätte noch zehnmal an mir vorüberjagen können ... Eine Bibliothek von Büchern hätte ich an dem Nachmittage hingegeben für einen Strohhut ...*«

Bis dahin hatte sie, weil sie sich häßlich fand, gedacht, sie könnte nur durch Schlauheit bestechen. Jetzt wollte sie auch als hübsch gelten. Von nun an wollte sie durch beides gefallen: Klugheit und Schönheit. Und vielleicht hat sie sich beides auch selbst erworben.

»Ich sehe sie noch vor mir, die kleine, gedrungene Gestalt, mit dem großen Kopfe, den schwarze Locken, welche die Kunst bereits geschwärzt hatte, umwallten, den großen leuchtenden dunklen Augen, den aufgeworfenen Lippen, der ganz orientalischen Physiognomie*, den wohlgeformten weißen Händen, die sie mir freundlich zum Willkommen

* Gesichtsausdruck

Fanny Lewald. 1846

Gemälde von Elisabeth Baumann-Jerichau

entgegen hielt. Sie war sehr munter, sehr anregend, sie erzählte sehr hübsch und wußte die Unterhaltung stets an sich zu ziehen.«

So erinnerte sich eine jüngere Frau, Amely Bölte, an einen Besuch bei Fanny Lewald. Und ein Mann, Karl Frenzel, beschrieb sie so:

»Wir nannten sie scherzweise immer den großen Kurfürsten, an dessen statuarische* Lockenfülle auch ihre Haarfrisur erinnerte. Schon ihr Äußeres und ihr Auftreten, in dem sich eine halb unbewußte, halb gewollte Stattlichkeit und Würde ausdrückten, das schöne Gesicht mit stark ausgeprägten Herrscherzügen, die kräftige Bewegung der tadellos geformten Hand drückten mehr Tatkraft und Richtung auf die Wirklichkeit, als sinnende Melancholie und dichterisches Verlorensein in Träumen und Gedanken aus. – Sie hatte eben kein Organ für das heitere und zwecklose Spiel der Phantasie.«

Da stolperte ich wieder über das Wort Phantasie. Aus einem kleinen Mädchen, das in der Schule wegen seiner Blässe und Magerkeit geneckt wurde, wurde schließlich eine füllige alte Frau, eine stattliche Matrone. Das konnte ich mir vorstellen. Aus einem hübschen jungen Mädchen wurde eine schöne Frau, ja gut, aber – so herrlich wie ein preußischer Kurfürst?

Und aus einem phantasievollen Kind wurde schließlich eine Schriftstellerin, der es gerade an Phantasie mangelte?

Wie kam so etwas zustande?

»Übrigens mag ich das Wort ›Schriftstellerin‹ gar nicht«,

* standbildhafte

sagte Fanny hinter meinem Rücken. Sie saß tatsächlich auf dem Sofa und beobachtete mich. »In der Endung ›-in‹ sehe ich *etwas Verkleinerndes*, nur *Geduldetes, Geringschätztes*. Es wird *auf weibliche Handarbeit taxiert.*«

»Ach, dieser Streit um Worte«, murmelte ich. »Den haben wir heute auch, nur in der entgegengesetzten Richtung. Heute bestehen die Frauen darauf, Kauffrau, Amtmännin, Astronautin zu sein. Sie fliegen dann auch nicht zum Mond, sondern zur Mondin. – Aber was warst du denn? Etwa ein Dichter, ein Autor, ein Mann?«

»*Ein weiblicher Autor*«, antwortete Fanny schlicht.

Ja, wie kam so etwas zustande?

Disziplin

Als Fanny noch nicht vierzehn Jahre alt war, wurde ihre Schule geschlossen. Sie hatte diese Privatanstalt sowieso nur bis zum vierzehnten Lebensjahr besuchen sollen, und so betrachtete man ihre Schulbildung als beendet. Ihre *glückliche Kindheit* war nun vorbei, vor ihr tat sich eine *Wüste* auf. *Mit einem nicht zu beschreibenden Gefühle der Verlassenheit und der Vereinsamung packte* sie ihre *Hefte und Bücher in ein Schränkchen ein.* Sie *nahm Abschied von jedem Blatte ...* Sie *kam* sich *ununterrichtet, unfertig vor, wie nie zuvor.*

An eine Berufsausbildung war damals für ein junges Mädchen wie Fanny gar nicht zu denken. Aber zu Hause gab es auch nicht viel für sie zu tun. Ihre Mutter führte einen großen Haushalt mit mehreren Dienstboten, und für Fanny blieben nur *allerlei Versuchsbeschäftigungen,* die den Tag nicht ausfüllten. Sie fühlte sich nutzlos und überflüssig. Da überraschte ihr Vater sie eines schönen Morgens mit einem eigens für sie ausgedachten Stundenplan. Und so sah der ideale Tagesablauf der Dreizehnjährigen aus:

> Sonntag wird völlig der Bestimmung von Fanny anheimgestellt, mit Ausnahme der Clavierübung von 8—9 Uhr; jedoch müssen die wöchentlich unnöthig versäumten Lektionen nachgeholt, und die Stunden, welche am Clavier durch Ausgehen oder durch Besuche versäumt werden, genau ersetzt werden.
>
> Fanny wird durch pünktliche Erfüllung dieses Stundenzettels und durch sonstiges gutes Betragen sich bemühen, ihren Eltern den Beweis zu geben, daß sie würdig sei, noch anderweitigen Unterricht zu erhalten, und von ihrem Vater für ihre Erholungsstunden gute Lesebücher zu bekommen.
>
> Besuch außer dem Hause wird wöchentlich einmal, und nur ausnahmsweise zweimal stattfinden.

Stundenzettel

für

Fanny Marcus.

entworfen Ende September, gültig bis zur veränderten Jahreszeit und bis andere Lehrstunden eintreten.

Allgemeine Bestimmung:
Des Morgens wird spätestens um 7 Uhr aufgestanden, damit um 7½ Uhr das Ankleiden völlig beendigt sei.

Montag

von 8—9 Clavierstunde. Uebung neuer Stücke.
„ 9—12 Handarbeit, gewöhnliches Nähen und Stricken.
„ 12—1 Nachlesen der alten Lehrbücher, als: Französisch, Geographie, Geschichte, Deutsch, Grammatik u. s. w.
„ 1—2½ Erholung und Mittagessen.
„ 2½—5 Uhr Handarbeit gleich oben.
„ 5—6 Uhr Clavierstunde bei Herrn Thomas.
von 6—7 Uhr Schreibeübung.

Dienstag

„ 8—9 Uhr Uebung neuer Clavierstücke.
„ 9—10 häusliche Handarbeit.
„ 10—12 Unterricht im Generalbaß.
„ 12-1 gleich Montag.
„ 1—2½ dito.
„ 2—5 dito.
„ 5—6 Uebung alter Clavierstücke.
„ 6—7 Schreibeübung wie Montag.

Mittwoch

gleich Montag; von 5—6 Uhr Uebung der alten Musikstücke am Clavier.

Donnerstag, Freitag und Sonnabend gleich den drei ersten Wochentagen.

»Was tat man den Mädchen«, singt Konstantin Wecker. An Dich wird er dabei wohl nicht gedacht haben, Fanny. Ich habe mir die Platte gerade noch mal aufgelegt:

»Man nährt sie fleißig mit Romanen
und moralischem Brei,
sogar ihr Ahnen
flieht am Leben vorbei ...
Und irgendwann dann,
wenn sie sich nicht mehr spüren,
verlieren sie sich,
sind verwundet und frieren.«

Anders aber Fanny! Sie würde sich abhärten. Sie würde beobachten. Sie würde sich gewinnen und beherrschen. Sie würde vernünftig sein. Sie würde leben. Aber bis es soweit war – mit dem Leben, meine ich – mußte sie noch lange warten, sehr lange.

Zunächst einmal spürte sie *am Abend das niederschlagende Gefühl, den Tag über nichts Rechtes getan zu haben, und einen brennenden Neid auf* ihre *Brüder, welche ruhig in ihr Gymnasium gingen, ruhig ihre Lektionen machten, und an denen also lange nicht so viel herumerzogen werden konnte.* Das Jungen-*Dasein erschien* ihr *vornehmer. Und mit der Sehnsucht nach der Schule regte sich in* ihr *das Verlangen, womöglich Lehrerin zu werden und so zu einem Lebensberuf zu kommen.*

Kennst Du das, Fanny:

»Wenn dich die bösen Buben locken,
bleib brav daheim und stopfe Socken!«

Ach Fanny, was für mich nur ein Witz war, ein alberner Spruch, den mir mein Bruder ins Poesiealbum schrieb, war für Dich über Jahre bitterster, langweiligster Ernst.

Wenn Fanny fünf Stunden täglich auf ihrem Platz am Fenster im Wohnzimmer saß und sich damit abplagte, Strümpfe zu stopfen, hatte sie Muße genug, ihrer Schulzeit nachzutrauern. Wie war das noch am ersten Schultag? Morgens hatte man ihr *einen großen weißen Korb, der zwei Deckel hatte*, gegeben, man hatte eine *Schreibtafel* und die *Fibel*, ein *Taschentuch* und eine *Buttersemmel* hineingepackt. Und die Kinderfrau hatte ihr statt eines Bonbons ein Stück Kandis mit auf den Weg gegeben. Die Buttersemmel! Fanny mußte lachen. Gleich am ersten Schultag nämlich – es war der erste April – war ihr etwas Dummes passiert. Sie hatte in einem Raum mit vielen anderen Kindern gesessen und sich ein bißchen gefürchtet. Vorne saßen die Kleinen und weiter hinten die Großen, die schon dreizehn, vierzehn

Jahre alt waren. Sie wurden alle in einer Klasse unterrichtet, und damals waren ihr die Großen sehr groß vorgekommen. Vor lauter Aufregung war Fanny schon während der ersten Schulstunde hungrig geworden. Sie hatte ihr Butterbrötchen ausgewickelt und gerade hineinbeißen wollen, als der Lehrer es sah. Herr Ulrich – Fanny mußte noch einmal lachen, als sie an ihn dachte. Launisch war er gewesen und streng und angeblich dem Kartenspiel verfallen. Manchmal kam er zu spät zum Unterricht, in einem bis zum Boden reichenden grauen Überrock, unter dem er gar nicht richtig angezogen war. Seine Frau brachte ihm während der ersten Schulstunde den Kaffee herein. Aber daß die hungrige Fanny etwas aß, konnte natürlich nicht geduldet werden. Herr Ulrich hatte ihr das Brötchen aus der Hand genommen und in ihren Korb gelegt. Den Korb hatte er an einem Seil festgeknotet, das von einem Haken an der Zimmerdecke herabhing. Dann hatte er den Korb an dem Seil in die Höhe gezogen, wo er ihn für den Rest des Vormittags schweben ließ. Arme, hungrige Fanny! Den ganzen Morgen hatte sie mit knurrendem Magen auf der Schulbank sitzen müssen. Ihr Brötchen – ihre ihr *rechtmäßig gehörende Semmel!* – hatte sie unter der Decke baumeln sehen können, wie eine Lampe.

»Und *wenn du nicht fleißig bist*«, hatte ihr Herr Ulrich gedroht, »dann *packen wir dich in deinen großen Bücherkorb und hängen dich an der Decke auf!*«

Alle hatten gelacht, nur sie hatte nicht gemerkt, daß es ein Scherz sein sollte. Sie hatte dem Lehrer geglaubt und angefangen zu weinen. Es war ihr gewesen, als wäre sie in die Höhle eines Menschenfressers geraten. Die Schule war ihr sehr verdächtig geworden, und zu Hause hatte sie ihren Eltern gleich erklärt, daß sie nie wieder in die Schule gehen wollte.

Daran dachte Fanny beim Strümpfestopfen und stach sich prompt in den Finger. Ihre Eltern hatten sie damals getröstet.

»*Du bist mein liebstes ältestes Kind*«, hatte ihr Vater gesagt, aber am nächsten Tag hatte er sie doch wieder in die Schule gebracht.

Wenn sie jetzt so an die Schule zurückdachte, hatte es ihr doch bald ganz gut dort gefallen. Und in den Korb hatte sie zum Glück nie gemußt. Täglich war sie etwa sechs Stunden dort beschäftigt gewesen, Hausaufgaben und Klavierüben hatten auch jeweils eine Stunde erfordert, und so hatte ihre *tägliche Arbeitszeit*, als sie sieben oder acht Jahre alt war, doch immer ebenso viele Stunden betragen. Aber lieber das, als am Fenster sitzen und Strümpfe stopfen und nur ahnen, was draußen passierte!

Einmal war der Konsistorialrat Doktor Gustav Dinter zu Besuch in den Unterricht gekommen. So schön, wie sein Name war, so sah er auch aus. Er trug einen schwarzen Frack und eine schwarze Kniehose, die ihm ein wenig rutschte, weil er den Gürtel nicht festgebunden hatte. Von Zeit zu Zeit mußte er seine Hose wieder in die Höhe ziehen. Zu *komisch* hatte das ausgesehen! Er trug einen kleinen, ganz verknautschten Hut, unter dem sein langes graues Haar hervorsah. Man merkte gleich, der Konsistorialrat war ein ganz wichtiger Mann! Er hatte sich eine Schulstunde angehört, und Fanny hatte vorrechnen müssen und war auch in Erdkunde abgefragt worden. Hinterher hatte ihr der

Konsistorialrat freundlich auf den Kopf geklopft und dabei gesagt:

»*Nu! Dein Kopf hätt' auch besser auf 'nem Jungen gesessen!*«

Damals hatte sie es aber schon gewußt, *daß die Knaben etwas Besseres wären als die Mädchen.* »*Wie schade, daß das kein Junge ist!*« Wie oft hatte sie das schon gehört, und wie oft hatte sie es auch schon selbst gedacht.

Wäre sie ein Junge, dann brauchte sie jetzt nicht hier zu sitzen und zu schwitzen.

»Ich sitze hier und schneide Speck
und wer mich lieb hat, holt mich weg!«

Kanntest Du das, Fanny?

Wäre sie ein Junge, dann könnte sie später mal studieren und *Professor in Bologna* werden. Seit sie acht Jahre alt war, hatte sie sich ihrer Mutter überlegen gefühlt. Sie wollte *lernen wie ein Mann. Ordnung und Haus halten*, das war etwas für die anderen Mädchen.

»*Wenn du aber nur 'n mal eine brave Frau wirst*«, hatte der Konsistorialrat Doktor Gustav Dinter noch hinzugefügt, »*so ist's auch gut!*«

»Hier sitz ich und schwitz ich,
wenn die Maus kommt, dann flitz ich!«

War es so, Fanny?

Fanny legte den Strickstrumpf aus der Hand und schlich sich in ihr Zimmer. In das Schränkchen dort hatte sie ihre Schulsachen gelegt. Schnell hatte sie gefunden, was sie suchte: ihr altes Aufsatzheft. Sie blätterte darin, las noch einmal dies und jenes, was sie geschrieben hatte. Sie freute sich selbst darüber, als würde sie alte Bekannte wiedersehen. Aber sie fand es auch gut, was sie da zu Papier gebracht hatte. Hier war die Nacherzählung, die sie als Zwölfjährige geschrieben hatte. Mein Gott, nur wenig über ein Jahr war das erst her. Wie lange war das schon vorbei. *Besteigung des Ätna* – auch einen Sonnenaufgang auf demselben hatte sie beschrieben und *allerlei Eigenes dem Gehörten* beigemischt. Der Lehrer, Herr von Tippelskirch – ein Kandidat der Theologie – hatte ein Lob und eine Ermahnung darunter geschrieben:

»*Obschon durch Unachtsamkeit zehn Fehler in dem Aufsatze sind, ist er dem Inhalte nach sehr gut. Die Phantasie der Verfasserin, diese eben so schöne als gefährliche Gottesgabe, kann ihr einst eben so viel Freude und Glück gewähren, als Schaden, wenn sie dieselbe nicht stets unter dem strengsten Zügel der Vernunft und Sittlichkeit erhält!*«

Herr von Tippelskirch war ein sympathischer Lehrer gewesen. Die ganze Schulklasse war geschlossen in ihn verliebt, und auch Fanny hatte *ein felsenfestes Vertrauen* in ihn gehabt. Deshalb hatte seine Beurteilung sie damals heftig erregt, und sie hatte sogar überlegt, ob sie *nicht auch Gedichte machen könnte.* Es war jedoch niemals zu *poetischen Versuchen* gekommen, weil sie einfach *weit mehr als gesund mit Arbeit überhäuft waren.* Zum Dichten war an Schultagen *buchstäblich keine Zeit* gewesen.

Vielleicht wäre jetzt die Zeit dafür gekommen? Sollte sie mal versuchen, ein Gedicht zu schreiben? Ein Strickstrumpfgedicht... Fanny schnaubte einmal verächtlich, dann schloß sie ihr Heft wieder und schlich leise zurück an ihren Platz am Fenster.

Jetzt habe ich Dir einen kleinen Schleichweg verschafft, Fanny. Ich habe es Dir gegönnt, Dich einmal zu erinnern. Ob Du das auch in Wirklichkeit gemacht hast? Aber Du nahmst ja *Abschied von jedem Blatte* Deiner Hefte und Bücher und hast Deinen Aufsatz vielleicht erst viele Jahre später wieder herausgekramt, als alte Frau, als Du Deine »Lebensgeschichte« aufschriebst. Sonst hättest Du die Sätze Deines Lehrers vielleicht besser in Erinnerung behalten. Die Phantasie nannte e r ja *eine eben so schöne als gefährliche Gottesgabe*. Du aber hast es immer falsch zitiert und das *Schöne* weggelassen.

So hast Du begriffen, daß der Unterricht ein wirksames *Hilfsmittel* war, mit der Phantasie fertig zu werden. Denn seit Du in die Schule gingst, seit Du lesen konntest und Dir *also auf jede Weise Beschäftigung geboten wurde*, warst Du *ein gesundes Kind geworden*.

Schon als kleines Kind war Fanny leidenschaftlich wißbegierig. Sie hatte *Puppen und Häuserschachteln und Festungen, die zum Teil sehr schön und kostbar waren. Aber mit fertigem Spielzeug läßt sich nicht lange spielen*, dachte Fanny. Sie *wollte wissen, wie die Dinge gemacht wären, wie sie von innen aussahen. Um das zu ergründen, arbeitete* sie *so lange an ihnen herum, bis* sie *sie zerbrochen hatte*. Der armen Puppe stach sie erst mit einer Nadel in den Kopf und bohrte dann noch mit einer Schere nach. Schließlich pulte sie, erst mit einem, dann mit zwei Fingern weiter, und was hielt sie da in Händen? Lauter Brösel und Bröckchen, *lauter Bröckeln*.

Als Fanny in die Schule kam, wurde sie also *ein gesundes Kind*. Mit acht, neun Jahren fertigte sie einen Plan an, den sie an ihre Zimmertür heftete. *Sportregeln*! lautete die Überschrift. Diese Regelung hatte sich nicht ihr Vater ausgedacht:

1 a) Man muß immer sportlich sein.
b) Ich muß immer so vernünftig sein, als wär ich schon viel größer.
2 a) Ich muß gut turnen können und sehr gelenkig sein.
b) Im Ballett muß ich gut sein.
3 a) In der Schule muß ich die Beste der Klasse sein.
b) Ich muß die Hausaufgaben immer richtig haben.
c) Ich muß mich gut benehmen.
4 a) Jeden Morgen muß ich Morgengymnastik treiben.
b) Außerdem muß ich Sitzwelle können.

Fanny und Sitzwelle? Daß ich nicht lache.
Aber warum sollte nicht mal ein Wunder geschehen.
Sie schwingt sich einmal rückwärts und einmal vorwärts und findet sich am selben Fleck wieder.

Aufgerissene Kniekehlen vom Sitzwelle-Üben wird sie kaum gehabt haben. Und natürlich stammen die Sportregeln nicht von Fanny. Ich selber habe sie aufgeschrieben, als ich ein Kind war. Unter einem Stapel alter Hefte und Bücher fand ich sie neulich bei einem Umzug in einem Schränkchen wieder. Bislang habe ich es nicht geschafft, Morgengymnastik zu treiben, und auch nicht Mittagsgymnastik oder Abendgymnastik. Und Sitzwelle kann ich heute nur noch rückwärts.

Aber Fanny, das kluge Kind, wurde größer und klüger. Nachts erschien ihr zuweilen ein samtiger Traum, der sie erinnerte: Auch du hast an Wunder geglaubt.

Familie

Als ich Fanny kennenlernte, habe ich sie darum beneidet, daß sie die Älteste war. Sie mußte sich nicht mit älteren Geschwistern messen.

Vor einigen Jahren war ich zu Besuch bei meinem großen Bruder. Er ist sechzehn Jahre älter als ich, und eigentlich kennen wir uns kaum. Als er zum Studium in eine andere Stadt ging, war ich erst drei, vier Jahre alt. Nun waren wir beide erwachsen und saßen in seinem Wohnzimmer. Draußen tobte der Herbstwind um das Haus, drinnen brannte das Kaminfeuer. Es war richtig gemütlich, aber mein Bruder sorgte schon dafür, daß es bald wieder ungemütlich wurde.

»Na, du kluges Kind«, stichelte er. »Schon als du vier warst, behauptete Vati, du seiest das intelligenteste von seinen Kindern.«

Er grinste und schaute lauernd zu mir herüber.

»Wir wollen doch mal sehen, ob das stimmt. Beim Mastermind-Spielen hat mich noch niemand geschlagen. Gegen meine Strategie wirst auch du nichts ausrichten können.«

Damit stand er auf und ging ins Nebenzimmer. Mit einer Spieleschachtel in der einen und zwei Bierflaschen in der anderen Hand kam er wieder zurück.

»Jetzt wollen wir doch mal sehen.«

Er baute das Spiel auf dem Tisch auf, »ein Denk- und Taktikspiel für zwei bewährte Superhirne«. Endlich, endlich geschah das Wunder, auf das ich schon seit langer Zeit gewartet hatte: Mein großer Bruder spielte mit mir.

»Mastermind professional – mehr als nur ein Spiel.«

Wir spielten bis nach Mitternacht, eine Runde nach der anderen.

Es war blutiger Ernst. Aber so sehr wir uns auch anstrengten und das Spiel eine Runde nach der anderen verlängerten: Es endete unentschieden. Hätte er gewonnen, hätte er mich doch nicht lieber gehabt. Hätte ich gewonnen, hätte er mich erst recht nicht lieber gehabt. Glück im Spiel, Pech in der Liebe. Besser hätte es also nicht ausgehen können: unentschieden.

Wie gut hatte es doch Fanny, die nicht ein Nesthäkchen war wie ich. »*Du bist mein liebstes ältestes Kind!*« sagte ihr Vater oft zu ihr. Und damit waren die Verhältnisse klar. Fanny wurde am 24. März 1811 geboren, in Königsberg, wo die preußischen Königinnen ihre Kinder zur Welt brachten.

Die Lindenstraße in Königsberg, 1832

»Ich habe mich sehr mit dir gefreut«, so erinnerte sich ihr Vater an ihre Geburt. Nur drei Monate später, Mitte Juni des selben Jahres, wurde die Hafen- und Handelsstadt Königsberg von einer Katastrophe heimgesucht, die auch Fannys Familie nicht verschonte. Die Speicher brannten: Getreide, Hanf, Flachs, Holz, Rinde, Matten und Öl. Der Fluß mit seinen Schiffen darauf stand in Flammen. Fannys Vater verlor sein gesamtes Vermögen. Ihre Mutter und ihre Amme waren mit dem Baby und eilig zusammengeraffter Wäsche geflohen. *Und als nach dem Ablauf von mehr als vierundzwanzig Stunden* Fannys *armer Vater zum ersten Male wieder zu seiner jungen Frau kam – seine Kleider zerfetzt, seine Schuhe zerrissen und verbrannt, er selbst von Staub, Schweiß und Asche bedeckt, von Hunger und Anstrengungen erschöpft und bleich, – da waren seine Frau, sein Kind – ... ›Mein liebstes ältestes Kind!‹ ... – und die Betten und Wäsche seines Kindes das einzige, was er aus seinem Hause hatte erretten können.*

Fannys Vater stand vor dem Ruin, denn seine Versicherung war gerade abgelaufen. Er hatte die Versicherungspolice auf seinem Schreibtisch liegen gehabt, aber noch nicht wieder verlängert.

Aber bald war er wiederum ein wohlhabender Kaufmann geworden, und Fannys Familie bildete einen großen Haushalt. Da waren drei Commis*, ein Lehrling, eine Köchin, die alte Kinderfrau, eine Amme.

Schließlich acht Kinder. Zwei jüngere Brüder wurden Fannys *eigentliche Lebensgenossen* durch ihre ganze Jugend. Mit ihnen teilte sie *alle Leiden und Freuden*. Als Fanny vierzehn

* Handlungsgehilfen des Vaters

war, bekam ihre Mutter das letzte Kind, und Fanny übernahm für einige Zeit die Leitung des Haushalts. Und was für ein Haushalt das war! Fannys Mutter stellte selber Butter her, sie backte Brot und räucherte sogar Wurst und Schinken. Sie füllte selber das Bier auf Flaschen – das für Fanny leider, ebenso wie Kaffee, verboten war. Im Keller lagerten ganze Fässer mit Sauerkohl und Gurken, Töpfe voll roter Rüben und eingelegter Heringe, Früchte in Gläsern und getrocknete Kamillen und Holunder, um im Winter Tee daraus zu machen. *Einige Scheffel Obst wurden im Sommer geschält und aufgereiht und beim Bäcker getrocknet, Pflaumen- und Kirschmus im Hause gekocht. Von allen Gemüsearten wurde der nötige Vorrat im Herbste für das ganze Jahr angeschafft und in Beeten von grobem Sand in den Keller untergebracht.*

Aber was kostete solch eine Haushaltsführung – die Männer an Geld, die Frauen an Kraft! Fannys Mutter nähte alle Kleider und schusterte die Schuhe für ihre Kinder. Das hatte sie von einem Schuhmacher gelernt. Jeden Morgen wurden alle Zimmer feucht gewischt – zu feucht fand Fanny es manchmal. *Orchideen und Wasservögel*, dachte sie, hätten sich in den Zimmern wohler gefühlt als *wir Menschenkinder.*

Aber *die gefüllten Speisekammern und Keller mit ihren Steintöpfen, Fässern, Kasten und Schiebladen waren hübsch anzusehen. Das Backobst auf den Schnüren, der Majoran und die Zwiebeln verliehen im Verein mit den Gewürzen der Speisekammer einen prächtigen Duft. Man hatte ein Gefühl des Behagens, wenn im Herbst alles beisammen war. Nun konnte der Winter in Gottes Namen kommen!*

Ach, die preußischen Winter! Das sind jetzt russische Winter. Solche gibt es bei uns nicht mehr. In Preußen waren die Winter *so lang und so furchtbar kalt, daß man den nach der Schule gehenden Kindern wohl die Weisung gab, von Zeit zu Zeit Nase und Ohren anzufassen, um sich zu überzeugen, daß sie nicht erfroren waren.* Es kam auch vor, *daß man einem Vorübergehenden zurief, es sei ihm ein Glied erfroren.* Im allgemeinen aber wußte man sich gegen die Kälte wohl zu schützen. *Pelze, gesteppte und mit Pelz besetzte Kappen, Filzschuhe und Pelzkragen* hielten Fanny und ihre Geschwister warm. *Und das Gefühl bei der Heimkehr von der Nachmittagsschule, aus dem Dunkel der Straße in das Licht der heimischen Wohnstube, aus der Eiseskälte in das warme Zimmer zu treten und den für die ganze Familie gedeckten Kaffeetisch auf sich warten zu finden, war gar zu köstlich.*

Sobald der erste Schnee fiel, feierte Fannys Familie ein besonderes Fest, *das Fest des ersten Schnees.* Ihr Vater holte eine kleine Seitenschublade seines Schreibtisches: *die Schachtel.* Darin waren die Familienandenken aufbewahrt. Die Hochzeitsbilder der Eltern in goldenen Kapseln. Ein aus Rubeln gefertigter silberner Becher zur Erinnerung an die Schlacht von Kunersdorf, wo die Preußen 1759 die Russen besiegt hatten. Brieftaschen und Börsen und für den Vater gehäkelte und gestickte Uhrbänder – die er nie trug. Ein grünseidener Vorhang, der ein Bild der Kinder verhüllt hatte, das Fannys Mutter dem Vater zum Geburtstag geschenkt hatte. Ein rotes Maroquinbuch – aus feinem weichen gefärbten Ziegenleder – in dem die Geburtstage und Krankheiten der Kinder und ihre Schuldaten verzeichnet waren. Ein Hochzeitscarmen* der Eltern. Und Gedichte. Gedichte ihres Onkels August Lewald, die er zu Fannys erstem Geburtstag

* Hochzeitslied

an ihre Eltern geschrieben hatte. Gedichte, die die Kinder den Eltern zum Geburtstag widmeten. Sie *amüsierten* sich dann darüber, wie *schlecht* noch die Gedichte des vorigen Jahres gewesen waren. Und wenn sie die ersten Bratäpfel verzehrten, hatten sie *das Bewußtsein, ein großes Fest gefeiert zu haben*.

Und dann *der ganze Zauber der Weihnachtspoesie!*

Fanny war ihm so verfallen, daß sie später in ihren Romanen dauernd Weihnachten feiern ließ. Wenn die Liebenden sich zum Happyend fanden, erschien Weihnachten als das *Fest der Liebesweihe* und die Braut dem Bräutigam als *Weihnachtsengel*. In Fannys letztem Roman, »Die Familie Darner«, der in vielem an ihre eigene Familie erinnert, werden auf zwanzig Seiten gleich zwei Weihnachtsfeste gefeiert. Dazwischen vergeht ein ganzes Jahr im Hetztempo. Das jüdische Mädchen Flora Lindheim wird von ihrem zukünftigen Mann als *Engel, sein Weihnachtsengel, sein Lebensretter* gepriesen. Er wünscht sich zu Weihnachten, *daß am Weihnachtsabend sein Weihnachtsgeschenk ihm für immer beschert wird*. Er will sie haben. Die Eltern müssen es doch erlauben. Und wirklich. In Floras Eltern *»wallte es wie Rührung auf in dem Gedanken, daß, soweit die deutsche Zunge klingt, und wo irgend germanisches Blut in den Adern der Menschen rinnt, in dieser Stunde das Geburtsfest jenes Kindes von jüdischem Stamme gefeiert wird. Es war etwas Großes, etwas Überwältigendes in dem Gedanken an die Millionen, die sich in dieser Stunde als eine Einheit empfanden durch die ganze weite Welt. Und wenn der Weihnachtsbaum und die Weihnachtsfreude sie auch nicht* zum Christentum *bekehrten, sie wurden ihnen lieb.*

Der *Lichtglanz* des Weihnachtsfestes wurde zum *Sinnbild*

des Vaterhauses; eine Erinnerung an die Elternliebe, an die Geschwister und an Familienglück.«

Zauber der Weihnachtspoesie, Zauber des Familienlebens!

Fanny glaubte fest an die Heilige Familie.

Aber ich habe meine Zweifel daran.

Von ihr gibt es nämlich auch ganz andere Äußerungen über die Familie – ihre Familie?

»*Kein Einzelwesen ist so begriffsverwirrt wie die Familie* ...«

»*Der echte Familiensinn und der Monarchismus beschränken das Urteil ihrer Anhänger* ...«

»*Die Familie macht das Kind von Jugend auf zum Tyrannen des Schwächeren und zum Sklaven des Machthabers, des Vaters* ...«

»*Die Familienliebe ist ein Despot, wenn* auch *ein zärtlicher, und die Ketten,* die sie dem Einzelnen anlegt, *sind schwer, weil sie zu leicht sind, um leicht zerrissen werden zu können.*«

»*Will man aber Menschen für die Freiheit erziehen, so muß man sie für eine Zeit lang aus der Familie entfernen* ...«

Woran dachte Fanny, als sie diese Sätze schrieb?

Vielleicht an ihren Bruder Moritz, den die Familienliebe *gebrochen* und *unfrei* gemacht hatte. Der Vater wollte den eigenen Willen des Sohnes nicht akzeptieren. Er verlangte absoluten Gehorsam, von seinen Kindern und von seinen Dienstboten. »*Der Herr will es!*« hieß das Motto.

Moritz aber unterwarf sich dem Vater *gegen seine Überzeugung, aus Zärtlichkeit* und *aus Furcht*. Er wurde ein *haltloser* und *unentschlossener* junger Mann. Als Student trieb er es wüst. Dann ging er aus Abenteuerlust als Arzt nach Tiflis, wo die Cholera wütete. Er starb dort mit achtundzwanzig Jahren.

Fanny setzte ihm in ihrem Roman »Wandlungen« ein literarisches Denkmal. Sie läßt ihn, den sie im Roman Georg nennt, einmal sagen, die Familie sei *der Staat im Staate,* und *die Familie von Familie* – also die vornehme, adlige Familie – *des Teufels Erfindung!*

Fanny wehrte sich gegen das, was sie liebte. Und sie liebte das, worunter sie gelitten hatte. Denn sie litt ja auch.

Des Vaters eiserner Wille ... Seit Jahren hatte Fanny ihrer Mutter zum Geburtstag einen Stoffbeutel sticken wollen, einen *Pompadour,* wie er damals in Mode war. Endlich, 1826 – sie war also fünfzehn Jahre alt – gab ihr Vater die Erlaubnis dazu. Fanny mußte einen Kostenvoranschlag anfertigen. Was kostete der Stoff, was kosteten *Stickseide, Muster, Borten, Schnüre* und das *silberne Schloß*? Es würde teuer werden, *sechs bis sieben Taler,* aber Fanny erhielt das Geld und machte sich an die Arbeit. Heimlich mußte sie arbeiten, morgens, bevor die Mutter aufstand, und nachmittags, wenn diese ihren Mittagsschlaf hielt. In kleinen Stichen stickte sie eifrig an ihrem Geschenk. *Eine Taube, welche auf Rosen und Vergißmeinnicht lag,* sollte auf die eine Seite des Pompadours, ein *Kranz von Sonnenblumen* auf die andere. *Wie gemalt* würden die aussehen, so fein war das Muster. Aber ach, leider zu fein! Die Arbeit schritt kaum voran, so klein und fitzelig waren die Stiche. Der Geburtstag rückte näher, und Fanny litt sehr. Ob sie es schaffen würde? Noch früher stand sie morgens auf, obwohl ihr das *immer sehr schwer fiel.* Ihre *ganze Seele war auf die Taube mit den Rosen eingestellt.* Da kam eines Nachmittags ihr Vater in ihr Zimmer. Es beeindruckte ihn nicht, daß sie fleißig stickend da saß.

»*Wenn diese erste Hälfte nicht bis zum Zwanzigsten fertig ist*«, sagte er, »*so werde ich sie zerschneiden, damit du einen Denkzettel hast, daß ein vernünftiger Mensch nichts anfängt, was er nicht durchführen kann!*«

Was sollte Fanny tun? Sie wußte, daß ihr Vater das ohne mit der Wimper zu zucken fertigbringen würde.

Sechs bis sieben Taler zerschneiden.

Fannys Ehrgeiz zerschneiden, Fannys Liebe.

Sie arbeitete nun auch nachts an dem Pompadour, und bis zum Geburtstag der Mutter hatte sie die *Taube auf Rosen und Vergißmeinnicht* fertig.

Um die gleiche Zeit passierte ein anderer Vorfall, der typisch für ihren Vater war. Fanny war eines Abends *in einer Gesellschaft* – heute würde man sagen, auf einer Fête. Man tanzte, und sie *fühlte sich sehr als Dame*. Da wurde ihr plötzlich gemeldet, sie müsse sofort nach Hause kommen.

Ob es der Mutter nicht gut ging? Besorgt eilte Fanny nach Hause. Aber dort war alles beim alten: Ihr Vater saß *ruhig lesend auf dem Sofa, die Mutter mit dem Strickzeug neben ihm, die Geschwister mit ihren Schularbeiten an dem Tische.*

»*Du hast, als du fortgegangen bist, wieder die Tür aufgelassen*«, redete ihr Vater sie an, »*mache die einmal zu!*«

Das war alles! Fanny *stand wie angenagelt*. Sie hätte sich am liebsten in irgend einen stillen Winkel verdrückt. Aber auch das duldete ihr Vater nicht. Nachdem sie die Wohnzimmertür geschlossen hatte, mußte sie wieder auf das Fest zurückkehren. Wie lange muß man tanzen, um diese *innere Demütigung* zu überwinden?

Wenn Fanny mit ihrer Familie zweimal in der Woche eine Spazierfahrt mit der Kutsche unternahm, konnte sie im Vorüberfahren bequem *in die Parterrewohnungen der schmalen, hohen Häuser* im Löbenichter Stadtteil, in dem die Bierbrauer wohnten, *hineinblicken.* Sie sah, *mit welcher Regelmäßigkeit überall die Familien abends in ihren Stuben auf demselben Flecke saßen. Der Vater rauchte, die Mutter strickte, die Kinder arbeiteten. Das war einmal wie allemale, und dazu waren die Fenster geschlossen. Und im Haus* gegenüber *saßen sie auch so, und daneben ebenso. Es überfiel* sie *eine wahre Angst.* Sie dachte: *Aus dieser Stube gehen sie zu Bett und schlafen acht Stunden, und morgen kommen sie aus der Schlafstube wieder in diese Wohnstube. Und wenn das Glück gut ist, dann ist über zwei und drei und fünf Jahre das Alles ganz* genauso *wie heute. Und über eine Weile, dann sterben sie, und denken doch auch, auf der Welt gewesen zu sein und gelebt zu haben.*

Fanny sah die Bierfässer, die auf beiden Seiten der Straße gelagert waren. Die Luft roch nach geschrotetem Malz und saurer Hefe. Überall dampfte und qualmte es, und entsetzt rief sie aus: »*Herr Gott! wenn ich solch ein Dasein haben sollte, ich müßte verzweifeln!*«

»*Was das wieder für eine Äußerung ist!*« tadelte Fannys Vater. Und sie bereute den Ausruf auch schon – bis zum nächsten Abend, als am Abendbrotstisch die Sprache wieder darauf kam.

»Dir fehlt der *rechte Sinn für das Familienleben*«, beanstandete ihre Mutter.

»Das *Stilleben,* das wir durch die Fenster sehen konnten, war doch ganz *gemütlich*«, meinte ein Bruder. »Es zeigte *die eigentliche Poesie des Familienlebens.*«

»Du stellst *unberechtigte Ansprüche an das Leben*«, warf ihr der Vater vor. Was sie denn eigentlich verlange? Ob sie meine, *in den Salons der großen Welt mehr Glück zu finden*? Ob sie *Pracht* und *Glanz* und *Reichtum* haben müsse, um *zufrieden* zu sein? Alle fielen über sie her. Fanny schüttelte nur immerzu den Kopf und wußte nicht, wie sie sich verständlich machen sollte. So ein Leben stellte sie sich *schrecklich* vor, wo *nach der täglichen Arbeit jeder Abend die gleiche Erholung: den Strickstrumpf und die Zeitung* brachte!

»Was *denkst* du dir eigentlich? Was *willst* du denn? Kannst du uns das mal verraten?«

Dazu war Fanny allerdings *nicht imstande*. Sie *fing mitten in der Familie wie ein Kind zu weinen an*. Alle waren gegen sie. Sie *selbst war mit* sich *unzufriedener als je, und* sie *eilte mit stürzenden Tränen auf ihr Zimmer, um* sich *das Herz frei zu schreiben*.

Später, in ihren Romanen, hat Fanny weniger die Konflikte, als vielmehr *das edle und schöne Einverständnis* des Familienlebens beschrieben. Ob sie sich im nachhinein mit ihren Eltern aussöhnen wollte? *Der Herr will es so!* Vielleicht dachte sie beim Schreiben daran.

Denn sie wollte doch ihrem Vater gefallen. Und die Liebe des Vaters mußte man sich permanent verdienen. Es war die *Selbstsucht in des Vaters Liebe*, daß er seine Kinder *als seine Geschöpfe, als sein Eigentum liebte*. Von der *Macht seiner Liebe* aber wurde man *angespornt*.

Es war ein klarer Fall. *Wollen wir uns bemerkbar machen*, so *müssen wir uns auszeichnen*.

Fanny war das liebste älteste Kind. Und sie wollte es bleiben. So sehnte sie sich zwar fort und wollte frei sein. Zumindest: *Sich das Herz frei schreiben*.

Aber gleichzeitig wollte sie an ihrem angestammten Platz bleiben: Des Vaters liebste älteste Tochter.

In ihren Büchern fing sie es schlau an. Sie dachte sich ein begabtes Kind aus. *Und begabte Kinder sind in der Regel viel reifer und viel entwickelter,* als man denkt. Dann dachte sie sich eine Sehnsucht aus. Zum Beispiel Frieda:

»*Sie neidete den Wolken ihren Zug und dem Vogel seinen Flug. Sie hätte etwas Anderes, hätte viel, viel mehr tun, sich müde machen mögen, nur um nicht alle Tage den gleichen Weg zu gehen, die gleiche Beschäftigung üben zu müssen fort und fort, Jahr für Jahr! vielleicht ihr Leben lang.*«

Und dann tadelte Fanny die Figur, die sie doch selbst erfunden hatte. Frieda hätte doch wissen müssen, daß *ein Hab' ich!* besser sei als *zehn Hätt' ich! – Tausendmal besser,* hatte übrigens Fannys Vater immer gesagt.

Dann bestrafte Fanny ihre Erfindung. Sie ließ sie verlieren. Frieda zum Beispiel mußte sich als *Probiermamsell* in einem Kleidergeschäft verdingen. Sie ließ sie ihre Sehnsucht bereuen. War es nicht wie im Märchen vom Magnetberg, der den Schiffern aus der Ferne *wie lauter Gold und funkelndes Edelgestein* leuchtete? Sie können ihrer Sehnsucht nicht widerstehen und werden vom Magnetberg angezogen, bis sie schließlich daran zerschellen.

So spielte Fanny, wenn sie schrieb, zugleich die Rolle der ältesten Tochter und die Rolle des Vaters.

Sie spielte mit sich selber Mastermind. Und meistens endete das Spiel unentschieden.

Jüdin

Ich ging die Rutschbahn entlang – so heißt bei uns in Hamburg eine Straße. Da kam mir plötzlich Fanny entgegen. Sie schien erfreut, mich zu sehen. »Komm, ich muß dir etwas zeigen«, begrüßte sie mich gleich.

Vor dem Haus Nr. 11 blieb sie stehen. »Schau dir mal die Tür an«, sagte sie.

An der Haustür waren sechs merkwürdige Zeichen zu sehen, drei am linken und drei am rechten Türflügel.

»Was ist das?« fragte ich. So oft ich hier schon vorbeigekommen war, die geheimnisvollen Zeichen waren mir noch nie aufgefallen.

»Schau noch mal genauer hin«, forderte Fanny mich auf. Ich trat einen Schritt zurück, um die ganze Tür ins Auge fassen zu können. »FRIEDE MIT EUCH«, stand oben. Und unten waren die Zeichen.

»Es sind die sechs bekanntesten Religionssymbole«, klärte mich Fanny auf. »Kennst du sie?«

Gleich die ersten beiden hatte ich noch nie gesehen. Aber darunter erkannte ich das Yin und Yang-Zeichen. Im chinesischen Denken gehört das Entgegengesetzte doch zusammen: Ruhe und Bewegung, Tag und Nacht, Erde und Himmel, Frau und Mann. »Auch der Da-

FRIEDE MIT EUCH

vidstern war ursprünglich wohl Sinnbild für die Vereinigung des Männlichen mit dem Weiblichen«, sagte Fanny. Der Davidstern war unten rechts, gleich neben dem Yin und Yang-Kreis angebracht. Der »Magen David« wurde er auch genannt, das heißt Schutzschild, da er zur Abwehr feindlicher Kräfte diente. Und welchen Mißbrauch hatten die Nazis damit getrieben, als sie den »Judenstern« zum »Schandmal« erklärten.

»Und das Zeichen darüber mußt du doch kennen«, sagte Fanny eifrig. Ja natürlich, das christliche Kreuz.

»Der Halbmond steht wohl für den Islam«, meinte ich. Die Türkei hat ihn ja sogar in ihrer Nationalflagge.

»Ja«, sagte Fanny. »Wir haben also die Symbole des Islam, des Christentums und des Judentums untereinander. Und auf der anderen Seite, oben links, das ist das Rad der Wiedergeburt, wie man es im Hinduismus in Indien kennt. Die Seele wandert im Laufe des Lebens an die äußeren Kreise, bis sie beim Tod auf dem äußersten landet. Dann kehrt sie zur Mitte zurück und tritt durch die Nabe des Rades in ein neues Leben ein. Das Rad der Wiedergeburt könnte auch als Mandala dienen.«

»Mandala?« fragte ich. »Was ist das nun wieder?«

»Mandala heißt Kreis«, sagte Fanny. »Es symbolisiert das Universum. Der äußerste Kreis heißt der Feuerring. Hier wird das Unwissen verbrannt, gleichzeitig werden alle Hindernisse ausgesperrt. Der nächste Kreis ist der Diamantkreis, der die höchste Erleuchtung versinnbildlicht. Innen der Lotos-Kreis. Die Lotos-Blume, die selbst aus dem Sumpf erwächst, verkörpert die Reinheit. Und hier, die acht Linien, die die Kreise in alle Himmelsrichtungen zerteilen wie eine Torte – das sind die acht ›Leichenstätten‹. Sie bezeichnen die acht Bewußtseinszustände – fünf Sinne und drei Arten des Geistigen – die die Welt in ihrem vergänglichen Sinn schaffen.«

Ich war fasziniert. Lotos, Diamant und Feuer ...

»Und das Zeichen darunter?« fragte ich. »Es sieht aus wie eine 3 oder ein Z.«

»Ach, wenn ich das wüßte«, seufzte Fanny. »Ich kann es in keinem Lexikon finden. Ich hatte gehofft, du kenntest es. Ihr seid doch heute so international.«

Aber ich mußte leider passen. So ein Zeichen hatte ich noch nie gesehen. Und daß ich immer an dieser Tür vorbeigegangen war ...

»Wieso sind hier überhaupt diese Muster an der Tür?« wollte ich wissen. »Ja, das möchte ich dir auch noch zeigen«, antwortete Fanny. »Komm mal mit.«

Links neben der Eingangstür war eine große Toreinfahrt, durch die man in den Hinterhof gelangen konnte. Das Tor stand offen. OLDENBURG stand in schmiedeeisernen Buchstaben daran. Fanny nahm mich am Arm und zog mich mit sich in den Hinterhof. Dort stand ein niedrigeres, langgestrecktes Haus mit verschiedenen Eingängen. Als erstes fiel mir ein großes bemaltes Schild über einer Tür auf. Ein Fluß schlängelte sich durch eine Landschaft. Das Ufer war von Birken gesäumt, viel blauer Himmel war darüber. Und vor dem Fluß waren ein Becher mit Pinseln und Stiften, eine Zeichenpalette, Fläschchen mit Tinkturen gemalt. GEMÄLDE – IKONEN – HOLZSKUPLTUREN. RESTAURIERUNG R. KANT stand in geschwungenen Buchstaben darüber. Plötzlich hatte ich das Gefühl, als sei ich mitten in einem Abenteuer. »Wo sind wir?« fragte ich. Da zeigte Fanny auf eine Tafel, die an der Häuserwand angebracht war. Ich hatte sie bis dahin nicht bemerkt.

»Von der Synagoge zur Arbeits- und Wohnstätte.
1905/06 wurde hier ein jüdischer Betsaal errichtet.
Am 9. November 1938 in der Nacht wurden in Deutschland die meisten Synagogen zerstört. Großes Leid wurde der jüdischen Gemeinde bis 1945 zugefügt.
Nach dem Krieg wurde die Synagoge umgebaut.
1956 entschloß sich die Jewish Trust Corporation for Germany, das gesamte Grundstück zu verkaufen. Der Hamburger Staat verkaufte es weiter an die Familie der Bauklempnerei Oldenburg. Heute steht das Haus unter dem Zeichen der Versöhnung der Religionen, damit diese Wohn- und Arbeitsstätte für die Zukunft alle Menschen in Frieden beherbergt, gleich welcher Religion oder Philosophie sie anhängen.«

»Hier war früher eine Synagoge?« Ich schaute mich um. Wäre die Gedenktafel nicht, würde nichts mehr darauf hindeuten.

»Ja,« sagte Fanny, »dieses Viertel hier, die Rutschbahn und die Straßen rings herum, das war früher das Judenviertel in Hamburg. Wußtest du das nicht?«

Aus einer Werkstatt drang Schlagermusik auf den Hof, und wir hörten jemanden mitpfeifen und Gelächter. Eine Tür stand offen. Schon war Fanny hineinspaziert. Sie schien sich wirklich zu Hause zu fühlen. »Komm her«, winkte sie mir zu.

Wir gelangten in einen riesigen Raum. In der Mitte befand sich ein Podest, auf das helle Scheinwerfer gerichtet waren. Auf einem Glastisch stand eine Obstschale, darin glänzten polierte Äpfel und Tomaten und Kirschen. Auf einer Theke standen noch zehn weitere Obstschalen. Ein Mann dahinter fummelte an einer Kamera herum. Er schaute einmal kurz hoch und lächelte uns an, als hätte er uns erwartet.

»Du, der hält uns für Fotomodelle«, flüsterte Fanny und stieß mir mit dem Ellenbogen in die Seite.

Mir war das ganze ein wenig peinlich. Ich räusperte mich vorbeugend, aber da hatte Fanny schon das Wort ergriffen.

»He, Sie da«, rief sie. »Junger Herr!«

Der Fotograf guckte sie verwundert an. Er konnte ja nicht ahnen, daß Fanny hundert Jahre und älter ist. Sie schüttelte ihre schwarzen Locken in den Nacken und fragte dann, ob er uns die Zeichen an der Tür erklären könnte. Natürlich wußte er auch nichts.

»Und könnten wir vielleicht eine Abschrift der Gedenktafel haben?«

»Du meinst, eine Kopie?« fragte der Fotograf. »Aber sicher doch!« Er lehnte sich lässig an die Theke. »Da war übrigens erst neulich eine alte Dame hier, die interessierte sich auch dafür. 89 Jahre alt war die schon, aus New York. Sie war im Vorderhaus geboren und hatte dann vor dem Krieg, also als Hitler die Juden verfolgte, auswandern müssen. Jetzt kam sie aus New York und wollte sich alles noch einmal anschauen. Ich habe ihr auch die Tür fotografiert. – Seid ihr auch von außerhalb?« wollte er dann wissen und schaute Fanny interessiert an.

»Ja, das kann man wohl sagen«, antwortete Fanny. »Von sehr weit her. Aber mein Mann war aus Oldenburg.«

»Was denn, schon verheiratet?« meinte der Fotograf und legte enttäuscht die Tomate aus der Hand, die er auf der Theke hatte hin- und herkullern lassen.

»Schon verheiratet«, bestätigte Fanny. »Und sogar schon verwitwet.« So verabschiedete sie sich kichernd.

Ich sagte lieber nichts.

Draußen auf der Straße schüttelte sie verächtlich den Kopf. »So ein Dummbeutel«, meinte sie. »Wohnt hier, arbeitet hier, fotografiert sogar die Tür und weiß doch nichts über die Bedeutung der Zeichen.«

Sie hakte sich bei mir ein. »Gehen wir noch ein bißchen spazieren?«

Es war eine gute Gelegenheit, Fanny von dem Brief zu erzählen, den ich neulich bekommen hatte. Eine Professorin aus Texas hatte mir geschrieben. Sie hätte gehört, daß ich auch zum »Fanny-Fan-Club« gehörte und wollte mich gern kennenlernen.

»Fanny-Fan-Club?« Fannys Augen blitzten vor Vergnügen. »Und ausgerechnet in Texas? Hätte das mein Vater gewußt ...«

»Ja, die Frau, die mir geschrieben hat, ist aber in Berlin geboren. 1938 – im selben Jahr also, als die kleine Synagoge hier in der Rutschbahn zerstört wurde – ist sie mit ihrer Familie aus Deutschland geflohen, weil sie Juden waren. Damals war Hanna, so heißt die Frau, sieben Jahre alt.«

»Sieben Jahre«, sagte Fanny nachdenklich. »Als ich etwa so alt war, durften plötzlich andere Kinder nicht mehr mit mir spielen, weil ich Jüdin war. Zwillinge waren das. Eines Tages gestanden sie mir ganz betrübt, sie dürften mich nicht zu ihrer Geburtstagsfeier einladen. Ihre Eltern hatten es verboten.«

»Und was haben deine Eltern dazu gesagt?«

»Ach, denen habe ich das gar nicht erzählt. Ich schämte mich so.« Fanny warf den Kopf in den Nacken.

»Außerdem haben die mir sowieso nichts erklärt. Ich sehe meinen Vater noch vor mir. Wenn ich ihn von Zeit zu Zeit fragte: »*Sind wir wohl Juden?*«, antwortete er stets: »*Du bist unser Kind, und weiter geht dich nichts an.*« Sie lachte.

»Das ist wohl überall das gleiche«, meinte ich. »Aber waren deine Eltern nicht fromm? Bist du nicht mit ihnen in die Synagoge gegangen?«

»Meine Mutter *sah es als ein Unglück an, eine Jüdin zu sein.* Es hatte nämlich sehr lange gedauert, bis meine Eltern heiraten durften, weil damals aus jeder jüdischen Familie nur ein Kind eine Heirats- und Niederlassungserlaubnis in Preußen bekam. Und die hatte schon ihre ältere Schwester bekommen – die übrigens sehr häßlich war. Meine Mutter sollte dann meinen Onkel, also den Bruder meines Vaters heiraten. Der hatte nämlich eine Niederlassungserlaubnis. Sie aber war in meinen Vater verliebt. Er war eben viel jünger und viel schöner. Als zwölfjähriges Mädchen hatte sie einmal ausgerufen: ›*Ach Papa! Den David Marcus möchte ich heiraten!*‹ Natürlich hatten alle sie ausgelacht. Aber als die beiden größer wurden und sich richtig kennenlernten – sie war siebzehn, er zwanzig – da haben sie sehr umeinander gekämpft. Meine Mutter hat es schließlich auch durchgesetzt, daß sie eine Heiratserlaubnis bekamen.«

»Aber das ist doch kein Grund, die eigene Religion zu verachten«, wandte ich ein. »Die Benachteiligung lag doch an den preußischen Gesetzen.«

»Ja, deren *Unvernunft* hat mein Vater auch abgelehnt. Übrigens war sein Vater, also mein Großvater, sehr stolz darauf, daß *selbst der Professor Kant ihn immer freundlich grüßte,* wenn er im Sommer bei seinem täglichen Spaziergang meinen Großvater vor seinem Hause traf.«

»Du meinst wirklich Immanuel Kant, den berühmten Philosophen?«

»Ja, eben den. Es war damals in Königsberg wirklich eine große Ehre für einen Juden, *von Christen achtungsvoll behandelt zu werden.*«

»Und was dachte dein Vater über das Judentum?«

»Im Grunde war er der Religion gegenüber ziemlich gleichgültig. Meine Mutter aber kam aus einer sehr frommen jüdischen Familie. Ihr Vater betrachtete zum Beispiel *die Bildung der Frauen als etwas Überflüssiges*. Später hat sie das bedauert und wohl auch ein bißchen verachtet.«

»Und wie hast du dann gelernt, was es hieß, ich meine, was es bedeutete, Jüdin zu sein?«

»Ach, zunächst einmal natürlich auf der Straße. Das war schon schmerzlich. Manchmal, wenn wir mit der Kinderfrau im Park spazieren gingen, liefen uns fremde Kinder nach, um uns zu ärgern. ›*Jud! Jud!*‹ riefen die. Meistens sahen die Kinder ganz schmutzig und zerlumpt aus, und ich lernte, daß es mir nichts nützte, so hübsch angezogen zu sein in meinem Pelzchen. Und es nützte auch nichts, daß die Kinderfrau so stattlich aussah. ›*Jud! Jud!*‹ Die Kinderfrau gab dann immer mir die Schuld: Daran sei nur ich mit meinen schwarzen Haaren schuld.«

Fanny strich die Haare aus der Stirn zurück.

»Da hatte ich also einen kleinen Vorgeschmack von den Ausschreitungen, die anderswo passierten. Es gab zum Beispiel Gerüchte von *Feindseligkeiten*, die *in Süddeutschland gegen die Juden verübt worden waren*. Eine Tante erzählte mir davon, *wie man in Frankfurt am Main und in Würzburg den Juden die Fenster eingeworfen und ihre Häuser geplündert haben sollte*. Und vor allem hatten wir auch große Angst um meine Tanten und Onkel in Hamburg, *weil dort der Judenhaß auch sehr groß* sein sollte.«

Ich schwieg. Was hätte ich sagen sollen?

Fanny erzählte weiter.

»Wir hatten eine Nachbarin, Frau Japhta. Zu der ging ich

manchmal herüber und sah ihr beim Nähen zu. Von der habe ich dann auch schließlich erfahren, *daß wir Juden wären und daß man mir dieses zu Hause verschweige, weil die andern Leute die Juden nicht leiden könnten.* Und daß die Juden nicht an das Neue Testament glaubten und nicht getauft wären und daß sie auch eigene Feiertage hatten. Meine Eltern haben ja immer auch Weihnachten gefeiert. Und das Fest des ersten Schnees. Das kann sowieso jeder feiern, egal, an welche Religion er glaubt. Frau Japhta aber war fromm. Sie hatte *eine kleine blecherne Kapsel an ihrer Stubentüre,* darin bewahrte sie die zehn Gebote auf. Sie zeigte mir auch den Gebetsmantel, den ihr Vater an Feiertagen anzog. Außerdem trug er immer ein blau-weißes Wollgewand auf seinem Körper, *das auch die zehn Gebote bedeuten sollte.* Ich fand es alles sehr geheimnisvoll, geradezu ein bißchen unheimlich. Frau Japhta hatte außerdem ein gespaltenes Ohrläppchen, das machte die Sache noch unheimlicher ...«

»Und hattest du keinen Religionsunterricht in der Schule?« wollte ich wissen.

»Du wirst lachen«, sagte Fanny. »Sogar evangelischen, und zwar bei einem ganz besonderen Prediger. Unser Religionslehrer, Johannes Ebel, wurde später in einem Prozeß berühmt. Er mußte sogar ins Gefängnis. Er hatte nämlich eine Art Sekte gegründet, die sogenannten Mucker. Vor allen Dingen Frauen gehörten dazu. Dem armen Ebel wurde allerhand vorgeworfen.« Fanny lachte. »Aber mir hat er einmal die Hände auf den Kopf gelegt und mich gesegnet: ›*Du fromme Tochter Israels!*‹ Da wir nicht an das Volk Israel dabei dachten, sondern an den biblischen Stammvater höchstpersönlich, fanden wir das sehr witzig. Später bin ich mit meiner Freundin Mathilde sogar immer zu ihm in die Sonntagspredigt gegangen.«

»Und hat deine Familie damals schon daran gedacht, zum Christentum überzutreten?«

»Meine Mutter bestimmt. Sie hat es sehr bedauert, daß wir so ohne Religion aufwuchsen. Aber mein Vater mußte auch ans Geschäft denken. Er hatte ja viel mit den strenggläubigen polnischen Juden zu tun, und da hätte sich unser Übertritt zum Christentum wiederum nachteilig ausgewirkt. Irgendwie standen wir zwischen allen Seiten.«

»Aber schließlich ist deine Familie doch christlich geworden? Ihr habt doch auch den Familiennamen *Marcus* in *Lewald* geändert?«

»Das ging alles in Stufen vor sich. Plötzlich überraschte uns mein Vater damit, daß zwei meiner Brüder sich taufen lassen sollten. Ich war davon ausgeschlossen. Das war für mich ganz schrecklich, denn damals war ich schon mit Leopold befreundet.« Fanny runzelte die Stirn. Leopold. Das war ihr erster Verlobter. Ich wollte nicht nachfragen, denn sie spricht nicht gern darüber. Da hatte sie sich aber schon wieder gefangen.

»Leopold war doch evangelisch und wollte Pfarrer werden. Und ich träumte ja allen Ernstes davon, seine Frau zu werden. Stell dir vor, ich die Frau eines Landgeistlichen...«

Sie lachte, aber es klang ein wenig gezwungen.

»Und bist du schließlich wegen Leopold zum Christentum übergetreten?«

»Nein, das war erst später, nachdem wir schon getrennt waren. Andererseits, ja, es hat schon noch etwas mit ihm zu tun gehabt. Durch Leopold hatte die *christliche Liebeslehre* für mich ja eine *neue Bedeutung* gewonnen. *Und weil er glaubte, hatte ich mir nicht mehr erlaubt zu zweifeln.* Es war eben *süßer,* mit ihm *gemeinsam zu empfinden* – obwohl ich eigentlich eher skeptisch war. Und dann hoffte ich natürlich doch auch, wenn ich erstmal Christin wäre, daß wir dann vielleicht doch heiraten könnten.«

»Und wie alt warst du damals?«

»Als ich konfirmiert wurde, war ich achtzehn. Am 24. Februar, dem Hochzeitstag meiner Eltern, war die Feier. Vorher mußte ich ein Glaubensbekenntnis aufschreiben, und das war furchtbar, denn ich merkte plötzlich, daß ich eigentlich ganz ungläubig war. Ich liebte Jesus als einen Menschen, der einmal gelebt hatte und vorbildlich gewesen war. Aber an den Gottessohn glaubte ich nicht.«

»Und dann hast du dich trotzdem taufen lassen?«

»Ich konnte doch nicht mehr zurück. Wie hätte ich dagestanden. *Es war einer der wenigen Momente meines Lebens, in denen ich mit mir selbst im Zwiespalt war. Ich fühlte mich sehr unglücklich.*«

»Haben deine Eltern, deine Geschwister das denn nicht gemerkt?«

»Ach, ich glaube, meine Mutter war nur froh, daß sie *wieder eines ihrer Kinder dem Judentum entzogen* hatte. Mein Vater äußerte sozusagen nur einen frommen Wunsch: ›*Möge es dir zum Guten gereichen!*‹ – *Das war alles.*«

Fanny und ich hatten inzwischen ein gutes Stück Weges, wie sie wohl sagen würde, zurückgelegt. Wir waren in der Oberstraße angekommen. Dort ist der große Sendesaal des Norddeutschen Rundfunks, wo manchmal Konzerte stattfinden. Ich war auch schon ein paar Mal da gewesen.

»Hier war auch eine Synagoge früher«, sagte Fanny. »Bis 1938.«

Wir blieben vor der Gedenktafel stehen. Zu den Konzerten war ich meist sehr eilig in letzter Minute daran vorbeigelaufen.

»›Denn mein Haus soll ein Bethaus genannt werden für alle Völker‹, lautet die hebräische Inschrift über dem Eingang.«

Ein Zitat aus der Bibel, dem Alten Testament.

Fanny nickte. »Ja, mein Übertritt zum Christentum war im Grunde die einzige Lüge meines Lebens. Eine *Heuchelei.*«

»Dein Roman ›Jenny‹ hat mir übrigens sehr gut gefallen«, versuchte ich, sie auf andere Gedanken zu bringen. »Er war doch auch sehr erfolgreich, nicht?«

»Ja, die bürgerliche Befreiung, also die Emanzipation der Juden in Preußen war ja ein ganz aktuelles Thema. Das heißt, auf der einen Seite die *Emanzipation*, auf der anderen die *Unterdrückung* der Juden. Und ich schrieb ja wirklich über das, was ich kannte und auch selbst erlebt hatte, die Schwierigkeit oder Unmöglichkeit der Eheschließung zwischen Juden und Christen.«

»Jenny hat mich immer auch an dich erinnert«, sagte ich. »Oder du erinnerst mich an Jenny, ich weiß nicht, wie herum ich es sagen soll. Was ich aber merkwürdig fand, war die Art und Weise, wie ihr Bruder über sie denkt.

›*Wen das Weib liebt, dem glaubt sie!*‹ verkündet er doch. Und: ›*Liebe ist die Offenbarung, in der das Weib den Geliebten als gottgesandten Messias erblickt* ...‹ Das ist wirklich starker Tobak.«

»Ja«, gab Fanny zu. »Aber sie scheitert ja auch daran. Am Schluß des Romans muß Jenny sterben. Es gibt keine Lebensmöglichkeit für sie und ihren braven evangelischen Verlobten.«

»Aber Jennys Bruder Eduard meint doch, daß es bei der Frau egal ist, woran sie glaubt. Sie hat keinen eigenen Glauben, sondern nur den des Mannes. Eduard dagegen ist nicht bereit, wegen seiner geliebten Clara Christ zu werden. *Um keinen Preis* ...«

»Ja«, sagte Fanny nachdenklich. »Im Grunde habe ich meinen eigenen Protest mit Eduard ausgedrückt. Vielleicht habe ich das der Jenny nicht zugetraut?«

Inzwischen war ich zu Hause angekommen. Ich ging gleich ans Bücherregel und holte meine Kopie von Fannys Roman hervor. Im Jahr 1843 hatte sie »Jenny« beendet. Ich wollte noch einmal die letzten Sätze lesen. Hier spricht Jennys Bruder Eduard nach Jennys Tod seine Hoffnung auf eine neue Zeit aus:

»*Wir leben, um eine Zeit zu erblicken, in der keine solchen Opfer auf dem Altar der Vorurteile bluten! Wir w o l l e n leben, um eine freie Zukunft, um die Emanzipation unseres Volkes zu sehen!*«

Glück

»Etwas sehnlich wünschen ist ein großes Glück!«

Am 12. Februar 1872 schrieb Fanny diese Worte in ihr Tagebuch. Das Glück der Sehnsucht hatte sie in ihrem Leben weidlich auszukosten, bis zur bitteren Neige.

Da war als erster Leopold Bock, ihre Jugendliebe. Fanny lernte ihn bei einer Tanzstunde kennen. Er verliebte sich gleich in sie: Die, *oder nie eine andere!* Und er war *Einer, der so etwas hält.*

Aber paßten sie denn auch zusammen, Leopold, der ernsthafte junge Mann, und Fanny, das kecke, selbstbewußte junge Mädchen? Zunächst war Fanny einfach *geschmeichelt.* Nach dem Tanzfest hatte Leopold den Diener *fortgeschoben,* um ihr in den Wagen zu helfen. Ihre Freundin und sie fanden es witzig: Als seine Frau würde sie Leopold *niemals »unterfassen« können,* weil sie viel zu klein war, *ihm auch nur bis an den Arm zu reichen.*

Leopold warb um sie. Er war Hauslehrer in einer Kaufmannsfamilie und würde demnächst sein theologisches Examen machen. Er war der Sohn eines evangelischen Landpfarrers, *ein sehr reiner und idealistischer Charakter.* Fanny war vor allem lebenslustig. Leopold tadelte ihre *leidenschaftliche Lust am Tanze.* Er tadelte ihr Vergnügen an französischen Romanen und an Heinrich Heines *leichtfertigen Schriften.* Und Fanny wurde *glücklich, daß Leopold* sie *so völlig als sein Eigentum betrachtete.* Daß er mit ihr *schaltete und waltete nach seinem Belieben.* Aber sie empfand auch *Zorn gegen ihn, wie* sie *ihn nie gegen einen anderen Menschen gefühlt hatte.*

»*Ich hasse ihn!*« sagte sie einmal zu sich selbst.

Da wußte sie erst, daß sie ihn liebte.

Um seinetwillen wollte sie sich *beherrschen lernen.*

Den Sommer verbrachte Fanny mit ihrer kranken Mutter auf dem Lande. Am Wochenende kamen auch der Vater und die Geschwister zu ihnen herausgefahren. Und ihre Freundin Mathilde war zu Besuch.

Eines Abends – Fanny war gerade in der Speisekammer und bereitete das Abendbrot vor – stürzte Mathilde aufgeregt zu ihr herein: »*Leopold ist da, zu Pferde mit einem Freund!*«

Fanny wollte gleich zu ihm laufen, da besann sie sich – eines Besseren oder eines Schlechteren? Sie wollte sich ja *beherrschen lernen.* Mathilde sollte schon vorgehen, sie würde nachkommen.

Mit fliegender Hast putzte sie nun die Radieschen, setzte noch schnell mehr Eier zum Kochen auf, schnitt Schinken, strich Butterbrote. Eben hatte sie alles fertig und war *höchst zufrieden* mit sich selbst, zufrieden mit ihrer Selbstbeherrschung, da hörte sie Pferdegetrappel. Sie konnte Leopold gerade noch davonreiten sehen. Er war beleidigt, daß sie ihn warten ließ. Sie war *benommen, verwirrt und traurig.* Den ganzen Sommer sah sie Leopold nicht mehr.

Es würde noch schlimmer kommen, und Fanny lernte aus diesem Erlebnis nichts.

Sie *träumte und dachte* sich *immer tiefer* in ihr späteres Leben als Leopolds Frau hinein. *Was* sie *tat und trieb, bezog* sie *auf ihn.* Fanny und Leopold feierten mit Fannys Familie Weihnachten: ihre *letzten glücklichen Stunden.*

Ihr Vater fing an, *überall kleine Hindernisse* zwischen ihnen aufzurichten. Komische Hindernisse.

Ein Theaterstück sollte zu Hause aufgeführt werden. Fanny und Leopold waren das Liebespaar. Aber am Abend des Vortrags nahm Fannys Vater Leopold seine Rolle aus der Hand, er übernahm sie buchstäblich. Und Fanny hatte *das komische Vergnügen*, ihren Vater mit all den *Zärtlichkeiten* anzureden, die sie *für Leopold* geübt und *so sehnlich auszusprechen gewünscht* hatte. Der *ganze Turmbau* ihrer Hoffnungen stürzte zusammen ...

Kurz darauf klingelte es abends an der Tür. Es war Leopold, wie gewöhnlich. Fanny wartete, daß das Dienstmädchen die Tür öffnen würde. Es klingelte noch einmal. Fanny wartete, daß man sie ins Wohnzimmer holen würde. Nichts geschah.

Schließlich ging sie hinunter in die Küche.

»Wer ist denn da gekommen?« – »Leopold.«

»Ist er bei der Mutter im Zimmer?« – »Nein. *Der Herr hat befohlen, wenn Leopold käme, zu sagen, daß die Herrschaft aus sei.*«

Daß Fannys Familie nicht zu Hause sei? Aber Leopold konnte doch am Licht, das durch die Glastüren auf den Flur fiel, sehen, daß sie zu Hause waren. Er mußte wissen, daß es eine Lüge war.

Fanny war ratlos. Was sollte sie tun? Den Vater um eine Erklärung bitten? Das verbot der *blinde Gehorsam*, zu dem er sie erzogen hatte. Sich mit der Mutter aussprechen? *Unmöglich!* Dazu fehlte ihr das Vertrauen. Leopold schreiben? Dazu hatte sie *gar keinen Mut*.

Ein paar Tage noch sah sie Leopold mittags die Straße

entlang gehen und zu ihrem Fenster hochgrüßen. Dann kam ihr Vater zu ihr ins Zimmer.

»*Du hast da, wie ich sehe, ein paar Bücher von Leopold*. Schicke sie zurück!«

»*Lieber Vater, ich lese sie noch.*«

»*Schicke sie nur ab. Du kannst sie ein andermal zu Ende lesen!*«

»*Aber weshalb, lieber Vater?*«

Das kostete viel Überwindung.

»*Soll ich dir Gründe angeben? Das war sonst nicht nötig zwischen uns.*«

Am andern Morgen schickte Fanny die Bücher zurück. Ohne ein Wort, ohne eine Zeile dazu zu schreiben. Nur ein kleines Lesezeichen ließ sie an einer Stelle liegen, bei einem Gedicht.

Damit endete diese Jugendliebe. Ein Ende, das für Fanny immer *ein ungelöstes Rätsel* blieb. Ihr Leben wurde danach *still und trübe*. Und Leopold? Er ging bald nach seinem Examen fort aus Königsberg, in die Provinz. Und er war sehr krank. Eine Freundin beschwor Fanny, ihn wenigstens einmal heimlich zu treffen, zum Abschied. Ihm zu schreiben! Es ging ihm schlecht! Fanny wagte es nicht. Aber sie hatte *keine Freude an ihrem Gehorsam, sondern nur Schmerz über ihre Unfreiheit und Mutlosigkeit*.

Eines Tages teilte ihr Vater ihr mit, daß Leopold gestorben sei. Was empfand Fanny da? *Reue*, ein *Gefühl der Erstarrtheit, Todesahnungen*. Sie fühlte sich an Leopolds Tod mitschuldig und durfte doch kaum zeigen, daß sie trauerte. Aber sie gewann: Die *Kraft*, sich *in sich selbst zusammenzufassen*. Selbstbeherrschung.

Viele Jahre später schrieb Fanny einen Roman: »Die Kammerjungfer«. Darin läßt sie die Romanfigur Eugenie ein ähnliches Schicksal erleben. Als junges Mädchen hatte diese sich in einen Maler verliebt. Ihr Vater verdammt diese Liebe.

»*Sie kennen seine Lebensansichten*«, erzählt Eugenie von sich. »*Sie kennen auch die strenge Unterordnung, an welche er seine Frau und seine Kinder von jeher gewöhnt hat.*«

Eugenies Vater verbietet dem jungen Mann das Haus und erlangt von ihr das Versprechen, ihn nie wiederzusehen. Aus *Schwäche* und aus *Stärke* hält Eugenie das töchterliche Versprechen.

»*Es gibt eine Art des Gehorsams, zu der man die Frauen erzieht, welche alle Selbständigkeit, ich möchte sagen, alle Menschlichkeit in ihnen vernichtet.*«

Eugenie weiß, daß der Geliebte schwerkrank ist. Eine Freundin rät ihr, ihn heimlich zu besuchen.

»*Ich tat es nicht! ich wollte mein Wort halten. Ich konnte mir nicht denken, daß Er, der Mann, sterben könne ... Ich hoffte, durch Entsagung und Geduld meinen Vater zu rühren ... Es ist anders gekommen! –* «

Auch im Roman muß der Geliebte sterben. Und Eugenie widmet ihr ganzes Leben von nun an sozialen Zielen und Zwecken.

Als habe Fanny mit Eugenies Sühne ihre eigene Schuld abbüßen wollen. Aber sie mißt der Sühne einen geringen Stellenwert bei: nur sechs von insgesamt 626 Romanseiten. Eugenie ist bloß eine kleine Nebenfigur, ein Pausenfüllsel. Da ist erst einmal die »Kammerjungfer« Marie. Und da sind andere verwickelte Liebesgeschichten, bis sich die

Paare am Schluß des Romans finden: Marie und Ludwig, Lora und Karl, Eugenie und Paul.

Und noch mehr versteckt Fanny ihre Reue. Eugenie ist im Lauf der Zeit besänftigt worden. Sie ist abgeklärt.

»*Es ist etwas Eigenes darum, sagte sie nach längerer Pause, wenn man im reifen Alter auf die Leiden und Freuden, auf den Heroïsmus und die Irrtümer seiner frühen Jugend zurücksieht ...*«

Eugenie erzählt, als ginge sie das alles nichts mehr an. Mit einer *sanft verneinenden Bewegung.*

Und Fanny? Hätte dieser Irrtum ihrer frühen Jugend nicht einen ganzen langen Roman verdient gehabt?

Aber Fanny sollte ja noch viel mehr erleben. Mehr Leiden und Freuden. Größere Heldenhaftigkeit. Noch mehr Irrtümer. Romanstoff eben.

Als nächstes verliebte sie sich in ihren Cousin. Und jetzt war sie hartnäckig. Sieben Jahre hielt sie an einer ganz unglücklichen und aussichtslosen Liebe fest. Heinrich Simon. Sie lernte ihn kennen, als sie 1832 längere Zeit bei seiner Familie in Breslau lebte. Zuvor hatte sie ihren Vater auf einer Geschäftsreise begleitet. Er suchte übrigens »*eine passende Partie*« für sie. Als wäre sie *eine elende Ware, die man auf den Markt führte, weil sich zu Hause kein Käufer dafür gefunden!*

Nun also Heinrich Simon. Er war sechs Jahre älter als sie. Und auf den ersten Blick mochte Fanny ihn gar nicht.

»*Er ist schön und geistreich*«, sagte sie, als man sie nach ihrer Meinung fragte. »*Aber kalt und abstoßend. Er mag sehr liebenswürdig sein können, mir aber ist er nicht so erschienen ...*« Fanny war stolz, daß Heinrich auf sie nicht so *einnehmend* gewirkt hatte, wie es ihr prophezeit worden war. Sie war eben eine Ausnahme unter den Mädchen, *eine schöne und würdige Ausnahme.* Aber während sie noch *weitläufig* erklärte, was ihr alles an ihrem Cousin nicht gefiel, mußte sie sich innerlich doch schon zugeben, daß es kein einziger ihrer Bekannten mit Heinrich aufnehmen konnte.

Ihn umgab Romantik. Mit dreiundzwanzig Jahren hatte er bei einem Duell seinen Gegner erschossen. Erschießen müssen. Übrigens nicht wegen einer Frau, sondern weil er von seinem Gegner durch judenfeindliche Äußerungen beleidigt worden war. Heinrich war zunächst zu lebenslänglicher Festungshaft verurteilt worden, aber schon nach zwei Jahren wurde er begnadigt und durfte im preußischen Staatsdienst die Richterlaufbahn einschlagen. Aber nach wie vor litt er sehr unter dem Duell.

»*Es ist merkwürdig genug!*« vertraute er Fanny auf einem Abendspaziergang an. »*Ein Mensch in der Fülle seiner Kraft steht dir gegenüber. Du hältst das elende tote Mordinstrument in der Hand. Ein kleiner Druck, ein kaum sichtbares Aufblitzen, und ein Mensch mit all seinen Hoffnungen, all seinen Kräften liegt vernichtet vor deinen Füßen.*«

Fanny wußte nicht, was sie sagen sollte. Sie hätte Heinrich gern getröstet, aber auch sie fand das Duellieren *abscheulich.* Nur fing sie in der folgenden Zeit an, sich um ihn zu sorgen. Und das ist immer schon das erste Zeichen der Liebe.

Als Fanny merkte, was sie für Heinrich empfand, war sie überrascht. Eigentlich hatte sie gedacht, daß so etwas, nachdem sie Leopold gekannt hatte, nicht mehr möglich wäre. Aber sie war auch *glücklich und stolz.*

Einmal stellte Heinrich ihr eine Frage. »*Ich möchte wohl wissen, was aus dir noch einmal werden wird? Ewig Strümpfe stopfen wirst du gewiß nicht.*« Das wollte sie allerdings nicht.

»*Hast du nie Verse gemacht oder sonst gedichtet?*«

Ach, Fanny würde noch viel dichten, auch über ihn!

Ich will die sieben Jahre abkürzen. Sie bestanden ja nur aus Hoffen und Warten. Und einem beständigen *Phantasieren.* Bei den alltäglichsten Arbeiten zu Hause dachte Fanny immer nur an ihn, an Heinrich. Sie stellte sich vor, was alles möglich wäre, wenn. Ja, wenn ... Wenn er doch jetzt käme ... Wenn er sie doch liebte ... Wenn er sie doch holte ...

Die Phantasie war eine Quelle des Glücks, solange Fanny sich ihr hingab. Aber sie war eine noch größere Quelle des Unglücks, da sie nicht in die Wirklichkeit mündete. *Wieviel Anteil hatte doch* ihre *vorarbeitende Phantasie an* Fannys *Schmerzen und Leiden!*

Dreißig Jahre später notierte Fanny in ihr Tagebuch: »*Der Eigensinn der Mädchen und Frauen, mit dem sie an einmal gehegten Hoffnungen, an einem einmal geliebten Manne festhängen – wenn sie den Gedanken auch hundertmal als falsch bewiesen hörten, wenn sie auch die völlige Grundlosigkeit ihrer Hoffnung vor Augen haben* – dieser Eigensinn *hat für mich etwas Entsetzliches.*

Sie selbst haben dafür die Namen ›Treue und Beharrlichkeit‹ erfunden. Mir erscheint darin die Beschränktheit der Weiber. Sie sind meist wie Brei! Hat eine Erfahrung sie zerdrückt, so bleiben sie liegen ...«

Hatte Fanny nicht selbst sieben Jahre gebraucht, um ihre *Hoffnungen* zu überwinden? Wieviele Briefe schreibt man in sieben Jahren? Wieviele Träume spinnt man? In ihrem Tagebuch verleugnete Fanny ihren *Eigensinn.* Sie schloß im

Nachhinein die Tür. So wie ihr Vater sie vor Leopold geschlossen hatte. Sie schloß sie aber nicht hinter Heinrich, sondern vor sich selbst.

Ach, Fanny war übel dran. Sie war nun fünfundzwanzig, ein altes Mädchen. Eines Abends sprach ihr Bruder Moritz sie an. Er wollte in ein paar Tagen nach Berlin gehen, um dort Medizin zu studieren.

»Und *was wird dann aus dir werden?*« fragte er.

»Was meinst du?«

»*Ich glaube, sie wollen dich verheiraten.*«

»*Mich?*« rief Fanny. »*Aber mit wem denn?*«

»*Ich weiß nicht, ich habe so etwas gehört.*«

»*Aber mit wem denn nur?*«

»*Das weiß ich nicht*«, versicherte Moritz noch einmal. »*Du kannst dir ja denken, mir sagen sie davon nichts. Und das ist mir auch ganz lieb.*«

Moritz sah Fanny freundlich an. Seine Stimme veränderte sich, und zärtlich sagte er zu ihr«:

»*Tu's aber nicht, wenn du nicht willst!*«

Genau wie Fanny dachte auch Moritz, daß eine Heirat ohne Zuneigung widerwärtig sei.

Moritz erzählte ihr noch ein bißchen von seinen eigenen Zukunftsplänen. Er wollte Arzt auf einem Schiff werden, die Meere durchziehen und die Welt kennenlernen.

»*Wenn ich nur erst in irgend einem Urwald bin*«, sagte er lachend, »*und einen ordentlichen großen Hund habe, dann heirate ich gewiß nicht!*«

Fanny aber sollte schon bald den für sie ausgewählten Bräutigam kennenlernen. Ein älterer *zum Landrat erwählter Assessor*, der Hyazinthen züchtete und gern Krebse bei Fackelschein fing. Sein Hochmut und seine *satte Selbstzufriedenheit* mißfielen Fanny *über alle Maßen*. Sie lehnte ihn ab.

Diesmal verweigerte sie ihrem Vater den Gehorsam. Sie wollte auch seine Vernunftgründe – daß er ja noch fünf andere Töchter zu versorgen hätte – nicht anerkennen. Lieber wollte sie *ihr Brot* selbst verdienen gehen, als einen Mann heiraten, den sie nicht liebte. Vom Geldverdienen aber wollte ihr Vater auch nichts hören.

Fanny gewann den Kampf. Sie war zornig und empört. Wie konnten ihre Eltern ihr so etwas zumuten? War sie ihnen so lästig? Aber was sollte jetzt aus ihr werden? Mit fünfundzwanzig war sie *eine alte Jungfer*. Fanny jedoch wollte einfach nicht glauben, daß die Ehe ihr *einziger Lebensberuf* sein müßte.

Es gab noch andere Sehnsüchte. Erst waren es nur die Briefe, die sie an Heinrich, genauer: an seine Familie schrieb. Dann war es auch das Tagebuch, das Heinrich ihr geschenkt hatte. Darein schrieb sie gelegentlich ihre *Klagen*.

Allmählich reifte eine Sehnsucht in ihr heran: Fanny würde sich frei schreiben müssen.

Es gab auch ein Vorbild für sie. Rahel Varnhagen, eine Frau, die in dem Jahr gestorben war, als Fanny sich in Heinrich verliebte, 1832. Rahel Varnhagen hatte in ihrem Leben einen großen Briefwechsel geführt. Diese Briefe waren nach ihrem Tod in einem Buch veröffentlicht worden. Wenn Fanny darin las, fühlte sie sich verstanden und getröstet. Sie hätte Rahel gern kennengelernt.

Und Heinrich? Eines Tages bekam Fanny einen Brief von ihm. Er teilte ihr mit, daß er eine andere Frau liebte. Sie hieß

Ida Hahn-Hahn und war eine Gräfin. Und sie war auch eine Schriftstellerin. Sie wurde Fannys Todfeindin. Später, als beide Frauen bekannte Autorinnen waren, hat sich Fanny über die Bücher der anderen lustig gemacht. Sie mochte Idas Gräfinnen-Art nicht.

Aber so unterschiedlich beide Frauen waren, sie liebten nun einmal denselben Mann.

Und so beschrieb Ida Hahn-Hahn den geliebten Heinrich Simon:

»Seine Erscheinung erstaunt außerordentlich. Er sieht aus wie ein Mensch, nicht wie eine Puppe. Das ist eben etwas Seltnes, denn der Professor, Leutnant, Kammerherr sehen immer ganz ihrem Amt entsprechend aus, nicht wie ein Ich, wie ein bestimmter Mensch ... Sein Benehmen hatte eine durchaus aristokratische Leichtigkeit, ohne die schlaffe, langweilige Nachlässigkeit der Adligen. Sein Ton war frei und lebhaft, ohne die brüsken, harten, ungalanten bürgerlichen Manieren. In Gang und Haltung war dieselbe Frische und Ungezwungenheit. Der Kopf war prächtig, von jener marmorfarbenen, durchsichtigen Farbgebung, (die) blonde Männer nie und brünette höchst selten haben und die, mit dunkelm Haar und Auge kontrastierend, den strahlenden Lichteffekt hervorbringt, der auf Gemälden von Rembrandt so häufig und so magisch ist.

Wenn Heinrich Simon schwieg, war der Ausdruck nachdenkend und sehr ernst, wenn er sprach, heiter und fast übermütig, weil die kurze, scharfgeschnittene Oberlippe und die blendend weißen Zähne dem Munde einen leisen Anflug von Ironie gaben. Dieser kleine Zug brachte ihn um das Glück, von allen Frauen für einen schönen Mann erklärt zu werden. Frauen hassen nichts so sehr als die Ironie ...«

Übrigens hieß es bei Ida statt »erstaunt«: frappiert, statt »ihrem Amt entsprechend«: wie ihre Chargen, statt »Mensch«: Individuum und statt »Leichtigkeit«: Aisance. Sie war eben eine echte Gräfin. Fanny schrieb später einen ganzen Roman, »Diogena«, in dem sie Ida Hahn-Hahns Schreibweise nachahmte. Deren alberne, schmachtende Art mußte man eben nachäffen . . . Auch Frauen hatten ironischen Witz.

Wie aber schrieb Fanny über »ihren« Heinrich? Auch sie lobte seine edle – adlige – Haltung, mehr aber noch lobte sie seine bürgerlichen und männlichen Züge:

»*Er war einer der schönsten jungen Männer, die ich gekannt habe. Seine hohe, kräftige Gestalt und seine Haltung hatten einen großen Adel. Die Gesichtsbildung, die in spätern Jahren die auffallendste Ähnlichkeit mit dem Moseskopfe von Michelangelo, dem Idealbilde des jüdischen Typus, zeigte, hatte damals bei aller Kraft der Formen doch etwas Leidendes. Über der schönen Stirne, die von einer Fülle schwarzen, lockigen Haares umgeben war, lag ein Zug von tiefer Schwermut, der jedoch einem Ausdruck von leuchtender Klarheit weichen konnte, wenn er heiter und frohen Mutes war ... Er war ein Meister in allen männlichen Übungen, ein guter Turner, ein guter Reiter, ein guter Schütze und vortrefflicher Schwimmer. Seine jungen Kollegen und seine Vorgesetzten nannten ihn einen tüchtigen Juristen und unermüdlichen Arbeiter, seine Freunde einen treuen Freund, seine Schwestern liebten ihn mit einer Art von Stolz, und seinen Eltern und seinem Bruder war er offenbar das Licht ihres Lebens ...*

Sein Sinn aber war entschieden ernsthaft und sein Denken groß und weitreichend. Er hatte viel gelesen, viel gelernt ...

Er selbst war ganz aus einem Gusse, eine in sich beruhende Natur, die bewußt und unbewußt daran arbeitete, sich selbst zu vollenden. Er trug ein Ideal von Mannestüchtigkeit und Manneswürde in der Seele ...«

Heinrich Simon wurde später ein bekannter demokratischer Politiker. Er kämpfte mit für eine bürgerliche Verfassung und wurde wegen seiner politischen Tätigkeiten zu lebenslanger Freiheitsstrafe verurteilt. Daher lebte er seit 1849 in der Schweiz. Bis zu seinem Tode aber blieb er Fanny *ein treuer Freund*. Nur das große Liebesglück brachte er ihr nicht. Darauf mußte sie immer noch warten.

»*Etwas sehnlich wünschen ist ein großes Glück!*«

Manchmal dauert es eben sehr lange, bis das Glück wirklich eintritt. Und wenn das Glück nicht zu einem kommt, muß man es sich suchen gehen. Fanny würde ihm, ihrem Glück, in Rom begegnen.

Aber erst einmal warteten die sieben mageren Jahre auf sie. Denn die sieben Jahre, die hinter ihr lagen – die sieben Jahre, in denen sie unglücklich in Heinrich Simon verliebt gewesen war – waren doch die sieben fetten Jahre. Sie war zwar unglücklich, aber immerhin verliebt gewesen. Sie hatte etwas zu wünschen und zu sehnen gehabt. Nun würde sie erst einmal die sieben mageren Jahre überstehen müssen. Wobei sie allerdings vorher nicht wußte, wie lang die sieben mageren Jahre denn sein würden. Manchmal hielten sie ja ein Leben lang an.

Fanny verlegte sich aufs Arbeiten. Genauer: Sie fing an, Romane zu schreiben. Ihr erster Roman, »Clementine«, wurde 1843 veröffentlicht. Der Held des Romans war nach dem Vorbild Heinrich Simons geschaffen. An der Heldin Clementine probierte Fanny aus, was hätte geschehen können, wenn sie sich zur Heirat mit dem Assessor hätte überreden lassen. Clementine hält zwar eine glühende Rede gegen eine solche »*Konvenienz-Ehe*«, die nur aus Vernunft-, Geld- oder Standesgründen geschlossen wird. Aber dann opfert sie sich doch. Später trifft sie ihren Jugendfreund wieder. Aber sie bleibt trotzdem bei ihrem Mann, den sie nicht liebt. Die Vorstellung, sich vom Ehepartner zu trennen, war für Clementine – und Fanny – damals undenkbar.

Drei Jahre später schrieb Fanny aber einen Roman, in dem sie sich über die Ehescheidung Gedanken machte: »Eine Lebensfrage«. In Preußen wurde damals gerade eine Gesetzesreform zur Ehescheidung ausgearbeitet und diskutiert. Fanny hatte einen Satz in einer Zeitung gelesen, über den sie nachdenken mußte: »*Es gibt Fälle, in denen die Trennung einer Ehe eine hohe sittliche Tat sein kann.*«

Durfte das stimmen? Daß eine Scheidung besser sein könnte, als wenn die Ehepartner recht und schlecht miteinander aushielten?

Als Fanny ihren Roman schrieb, konnte sie natürlich nicht ahnen, welch eine Bedeutung diese Frage für ihr eigenes Leben bekommen würde.

Fanny hatte drei Romane veröffentlicht: »Clementine«, »Jenny« und »Eine Lebensfrage«. Sie war auf dem Wege, eine anerkannte Frau zu werden. Aber von der Welt hatte sie noch nicht viel gesehen. Königsberg, Breslau und Berlin – wo sie zuletzt gewohnt hatte. Und Darmstadt, Heidelberg und Baden-Baden, wohin sie ihren Vater auf der Reise begleitet hatte. Fanny wollte nach Italien, sie wollte nach Rom. Im Juni 1845 brach sie dorthin auf und erreichte Rom im Oktober.

In ihrem »Italienischen Bilderbuch« hat Fanny ihre Reiseerfahrungen geschildert. Acht Monate war sie in Rom, um Material für ihr Buch zu sammeln. Das Buch schrieb sie aber nicht nur aus Lust, sondern um damit Geld zu verdienen. Es ist ein richtiger Reiseführer, in dem sie nicht nur die Sehenswürdigkeiten beschreibt, sondern auch über den Alltag in Rom plaudert. Zum Beispiel erzählt sie, daß es *wunderlich* aussah, »*wenn gegen Abend Kühe und Ziegen durch die Straßen geführt werden, wo man an jedem Hause auf Verlangen den nötigen Bedarf sich frisch von den Tieren geben lassen kann. Es mag wohl geschehen, um das Sauerwerden* der Milch *auf dem Wege nach der Stadt zu vermeiden.«*

Es war also nicht nur das ewige Rom, das Fanny kennenlernte. Rom: das Kolosseum und der Petersdom, die Engelsburg und die Spanische Treppe, in deren Nähe – Via Due Macelli Nr. 64 – Fanny mit ihrer Reisebegleiterin, der »Anstandsdame«, eine kleine Wohnung mietete. Rom: Kirchen, Museen und Galerien, die Villa Borghese mit ihrer Kunstsammlung und dem schönen englischen Park. In Rom konnte Fanny etwas lernen u n d genießen. Rom: das efeubewachsene Forum Romanum und die Piazza del Popolo, die Via Appia und der Abendbummel auf dem Corso:

»*Elegante Equipagen**, *wilde Reiter, schöne Frauen und Männer ziehen lustwandelnd an uns vorüber, wenn die Sonne im Untergehen ist. Das plaudert und spricht Politik, kokettiert und liebelt, beurteilt die Kunst und schwärmt für die Natur. Wohin man hört und sieht, Leben und Lust.*«

Leben und Lust: die Oktoberfeste und der Karneval, die Weinlokale von Trastevere, die Märkte. Apfelsinen, Kastanien, gesalzene Oliven. Die südliche Natur. Zypressen und blühende Zitronenbäume. Lorbeer und Myrten, Oleanderbüsche mit roten Blüten und Mandelduft. Weinranken mit reifen Trauben daran, Anemonen, Maßliebchen und Venushaar. Fanny sog es alles in sich auf, Gerüche und Stimmen, Eindrücke aller Art. In Rom war ihr, als wären ihr *Flügel*

* Kutschen

gewachsen. Rom, das war schließlich eine ganz eigene Lebensweise.

»*Alle Fremden waren sich darüber einig, daß man nirgends angenehmer, nirgends ungezwungener, freier leben könne als in Rom, weil - man sich die Freiheit nahm, sich diese Freiheit auch zu erlauben. Die meisten Menschen, und die Deutschen vor allen, bauen sich gegeneinander turmhohe Schutzmauern, hinter denen sich das Ich verschanzt.*

In Rom hat man nicht Zeit, die Barrikaden aufzupflanzen. Man kann das Wohlgeboren, die Geheimratstitel, die Roten Adlerorden von den neun verschiedenen Klassen und Abstufungen, die Exzellenzen und Uniformen nicht gut auspacken, ohne lächerlich zu sein – innerlich bringt sie allerdings jeder Deutsche mit.

In Rom tritt der ursprünglich liebenswürdige, zutrauliche Charakter unserer Landsleute einmal erfreulich hervor.«

Rom, das hieß für Fanny eben auch: Bekanntschaft mit unterschiedlichen und interessanten Leuten, mit Malern, Dichtern, Gelehrten. Zum Beispiel ihrer Freundin Elisabeth Baumann, die auch von ihr ein Gemälde anfertigte*.

Oder dem dänischen Märchendichter Hans Christian Andersen. Oder – ja, oder? Und nun ist es an der Zeit, Adolf Stahr kennenzulernen, den Mann, dem Fanny in Rom begegnete. Ich will ihn spaßeshalber Adolfo nennen, wie die Italiener. Adolfo war aber eigentlich Konrektor in Oldenburg und hatte ein Halsleiden. Deshalb war er für längere Zeit im Süden zur Kur.

»*Suchen Sie die Bekanntschaft von Professor Stahr zu machen*«, hatte man Fanny gleich bei ihrer Ankunft in Rom geraten.

* In diesem Buch auf S. 17 abgebildet

»Er ist *ein Mann von Distinktion.*«

»Man« war übrigens Fräulein Adele Schopenhauer, deren Bruder Arthur als Philosoph berühmt wurde. Fanny war durch Adeles *auffallende Unschönheit* sehr betroffen, aber Arthurs unschöne Ansichten über Frauen müssen wohl doch noch andere Ursachen haben.

»Professor Stahr ist *leidend*«, teilte Adele Fanny mit. Und: »*Deutsche Sentimentalität mit ihren Vorzügen und Nachteilen.*«

Wir wollen erst einmal bei den Vorzügen bleiben.

»Er ist sehr aufmerksam, frei und taktvoll«, lobte ihn Fannys Freundin Elisabeth. Als Fanny Adolfo das erste Mal sah – sie wußte freilich nicht, daß er es war – ärgerte sie sich aber darüber, daß er sie so anstarrte: sie »*auf gut römisch*« betrachtete. Als sie ihn das zweite Mal sah, fand sie ihn schon recht sympathisch. Leider konnte sie aber nicht viel von seinem Gesicht sehen, denn wegen seines Halsleidens trug er ein Tuch vor dem Mund. Endlich, bei der dritten Begegnung, kamen sie miteinander ins Gespräch.

Es war der 27. November 1845, und Fanny war zu einer kleinen Abendgesellschaft eingeladen. Sie saß auf einem niedrigen Sofa, da wurde ihr Adolfo – »Professor Stahr« – vorgestellt. Er blieb vor ihr stehen. Er fragte Fanny, seit wann sie in Rom sei und wie lange sie zu bleiben gedenke. Er hätte sie schon ein paar Mal gesehen und sie zuerst für eine Römerin gehalten. So plauderten sie, aber Adolfo dachte nicht daran, sich auf den Platz neben Fanny zu setzen. Er stand, sie saß, und so mußte Fanny *mit seitwärts verrenktem Halse* zu ihm aufblicken. Aber während all dieser Zeit hatte sie Gelegenheit genug, ihn ausführlich zu betrachten.

Adolf Stahr. 1846

gezeichnet von Elisabeth Baumann-Jerichau

»Er war über die mittlere Größe und ohne dasjenige zu sein, was man einen schönen Mann nennt, doch eine sehr anziehende Erscheinung. Was mir zuerst an ihm auffiel, war seine große Ähnlichkeit mit dem Tizianschen Christuskopfe in Dresden und mehr noch die mit dem Studienkopfe zu diesem Christus, den ich eben erst in

Florenz studiert hatte. Stahrs kränkliche Farbe und der Ausdruck von Schwermut in seinen Zügen erhöhten diese Ähnlichkeit. Das Profil war edel, die Form des schmalen Kopfes, das Oval des von einem weichen, schwarzen Vollbart umflossenen Gesichtes waren sehr fein, die dunklen Augen belebt und ausdrucksvoll, und die von dunklen, schlichten Haaren eingerahmte Stirn hatte etwas so Geistreiches, daß man augenblicklich fühlte, dies sei kein Alltagsmensch. Er war gut gewachsen, hielt sich gut, bewegte sich leicht. Aber obwohl er sorgfältig gekleidet war, sah man ihm in dieser Gesellschaft von Weltleuten und Künstlern damals doch den Kleinstädter und auch den deutschen Gelehrten an. Sein Frack hatte nicht den rechten Schnitt, seine Krawatte war nicht modisch, er hatte keine Handschuhe an und keinen Hut in der Hand. Die Handschuhe hielt er immer in der Hand, aber er hatte sehr feine und doch markige Hände und bewegte sie mit edler Lebendigkeit.

Er gefiel mir gut, ich fand ihn anziehend, weil er offenbar nicht wie alle die andern war und dies selber nicht zu bemerken schien.«

So etwa dachte Fanny also, während Adolfo auf sie herab- und sie zu ihm aufblickte, und schließlich rief sie, halb im Scherz und halb im Ernst, aus:

»Herr Professor, wenn ich noch weiter mit Ihnen sprechen soll, so setzen Sie sich! Für eine Salon-Konversation will ich mir den Nacken nicht verdrehen!«

Damit hat sie Adolfo sehr verblüfft. Er war es nämlich nicht gewöhnt, von einer Frau gerügt zu werden. Er hat aber doch begriffen, daß sie recht hatte, und so war es in der Folgezeit noch oft. Adolfo mußte sich erst an Fannys selbstbewußte Art gewöhnen. Das war es aber auch, was ihm an ihr so gefiel, was ihn fesselte und herausforderte.

Das nächste Mal begegneten sie sich in Elisabeth Baumanns Atelier. Fanny saß ihrer Freundin in einem römischen Kostüm Modell für ein Bild. Grazia, das Mädchen, das eigentlich dafür engagiert war, hatte Elisabeth nämlich wieder einmal versetzt. Da trat plötzlich Adolfo – »Professor Stahr« – ins Zimmer. Er und Elisabeth plauderten unbefangen, während Elisabeth weiter an ihrem Bild malte. Und Fanny mußte auf ihrem hohen Gestell in ihrer römischen Verkleidung sitzenbleiben und stillhalten. Es war ihr äußerst peinlich. Adolfo blieb vor ihr stehen und betrachtete sie – wie man eben ein Bild betrachtet.

Das war Anfang Dezember gewesen. Inzwischen war der Heilige Abend gekommen. Fanny feierte mit einigen befreundeten Deutschen, die sogar einen Weihnachtsbaum aufgestellt hatten: Lorbeer statt Tanne. Und als sie spät abends in ihre Wohnung zurückkehrte, fand sie dort noch eine Überraschung vor: Früchte, Zuckerwerk und Blumen und ein kostbares Holzkästchen, Grüße von einer Freundin. So war sie am nächsten Morgen ganz heiter und gutgelaunt und eben dabei, einen Brief an ihren Vater zu schreiben, als ein Bekannter bei ihr vorbeikam.

»*Der arme Stahr*«, erzählte dieser unter anderem. »*Er liegt schon seit beinahe acht Tagen mit einer Erkältung und mit entzündeten Augen zu Bett. Ich glaube, er kann sobald noch nicht heraus.*«

»War denn gestern abend jemand bei ihm?«

»*Niemand, so viel ich weiß*. Nur *Rudolph Lehmann hat ihm, wie ich glaube, ein paar Pifferari* – Hirten mit Schalmeien – *unter sein Fenster geschickt*, damit sie ihm eine Weihnachtsmusik spielten.«

Nachdem Fannys Besucher gegangen war, ging ihr der Kranke nicht aus dem Kopf. *Am Weihnachtsabend in der Fremde krank und einsam dazuliegen* ... Am liebsten wäre sie *gleich hingegangen*, um ihm einen Krankenbesuch abzustatten. Aber dazu fehlte ihr, der Vierunddreißigjährigen, doch wieder der Mut. Sie kannten einander ja so wenig. Die Freundinnen könnten es unschicklich finden ... Die anderen Männer könnten darüber sprechen ...

Es ließ ihr aber doch keine Ruhe. Schließlich machte sie aus ihren eigenen Geschenken einen hübschen Teller mit Zuckerwerk und Früchten zurecht, putzte ihn mit Veilchensträußen auf und schickte ihre italienische Zugehfrau mit einem Gruß hinüber.

»*Fanny Lewald möchte gern wissen, wie es dem kranken Freunde geht, und sendet ihm einen Gruß vom Weihnachtsmann.*«

Am dritten Feiertag kam Adolfo vorbei, um sich zu bedanken. Und nun ging es los. Mit der Liebe? Nein, mit dem Kämpfen. Zuerst spottete Adolfo über die beiden Besucher, die er bei Fanny angetroffen hatte. Ein italienischer Franziskanerpater und ein junger dänischer Verehrer.

»*Was für eine sonderbare Menagerie* haben Sie da um sich! – Wie ist es möglich, hier in Rom so ausschließlich für die Gesellschaft zu leben ... Ich fasse das nicht!*« »*Und wenn ich Ihnen sage, daß ich die Gesellschaft studiere, wie Sie die alte Kunst?* Mir sind all diese Menschen Gegenstände des Studiums ...«

»So muß man also bescheiden sein und sich in acht nehmen, wenn man es schon nicht verhindern kann, *Ihnen ein Objekt zu sein und weiter nichts!*«

* Tierschau

Fanny war wütend. Da hatte sie ihm einen lieben Gruß geschickt, und er tadelte sie in einem fort.

»*Ich bin übrigens nicht nach Italien gekommen, um zu arbeiten*«, erklärte sie. »*Ich will mich ausruhen und will mich hier vergnügen – weiter nichts!*«

»Es *fragt sich nur, womit?*« bemerkte Adolfo. Er konnte es eben nicht lassen.

Als nächstes gestand er ihr gleich, daß er von ihren Romanen noch keinen gelesen hatte. »Jenny« hatte er zwar einmal in die Hand genommen, aber als er sah, daß das Buch von einer Frau geschrieben war – »Von der Verfasserin der ›Clementine‹«, stand nämlich auf dem Titelblatt – da hatte er es *mit einer süpremen Verachtung auf die Seite geworfen*. Aus dem gleichen Grund hatte er sie in Rom erst gar nicht kennenlernen wollen.

»*Da habe ich etwas vor Ihnen voraus*«, entgegnete Fanny also, »denn ich habe Ihre Aufsätze in den Halleschen Jahrbüchern gelesen. Und ich habe Sie mit meinem Weihnachtsgeschenk fast gezwungen, mich aufzusuchen.«

Da war Adolfo endlich sprachlos. Die *Gelassenheit*, mit der Fanny seinen *männlichen Übermut* aufnahm, entwaffnete ihn. Fanny aber hätte damals schon hellhörig werden müssen. War es nicht mit Leopold und Heinrich am Anfang genauso gewesen? Auch da hatten Zorn und Abwehr die sich eigentlich entwickelnden Gefühle angekündigt. Sie war so zornig auf Adolfo, wie man nur auf einen Menschen zornig sein kann, den man leidenschaftlich liebt.

Bald wurden die beiden unzertrennlich. All ihre Unternehmungen, Besichtigungen und Besuche in Rom planten sie gemeinsam. Auch die Umwelt sah Adolfo als Fannys ständigen Begleiter an. Fanny aber glaubte arglos an eine *ehrliche und herzliche Freundschaft*. Zunächst war sie ganz blind für die *nahe drohende Gefahr*, in der sie schwebte. Ja, so hat sie später über ihre Liebe geschrieben: eine Gefahr.

Aber Rom, das hieß schließlich auch Frühling. Laue Nächte mit Mandolinen- und Gitarrenklängen und dem Plätschern der Fontäne des Trevi-Brunnens unter Fannys Fenster. Der Mond schien auf die Spanische Treppe und den Brunnen, und Fanny und Adolfo gingen Hand in Hand daran vorbei über den weiten, menschenleeren Platz. »*Wie vielen Herzen hat das schon gerauscht! Wie vielen Herzen wird der Quell noch rauschen!*« sagte Adolfo, und daran kann man sehen, daß echte große Liebe immer auch ein wenig kitschig ist. Aber doch so schön! *Und wie* ihrer *selbst nicht länger mächtig, stürzten* Fanny und Adolfo *Herz an Herz und brannten Lippe auf Lippe*. Adolfo und Fanny, Fanny und Adolfo – von »Professor Stahr« war nun keine Rede mehr.

So fand Fanny in Rom das Glück, auf das sie schon gar nicht mehr gewartet hatte, das *Ziel* ihres Lebens. Adolfo und sie ergänzten einander vollständig. Er hatte die Bildung, die ihr fehlte. Und sie hatte die Lebenslust und Kraft, die er brauchte, um gesund zu werden. Sie teilten die gleichen Interessen und hatten den gleichen Geschmack. Sie, die so lange vergeblich geliebt hatte, die eigentlich noch nie richtig geliebt worden war, sie hatte nun endlich den Mann gefunden, der es wagte, sie zu lieben. Er war einer, der ihr ebenbürtig war, und solche Männer gab es nicht viele auf der Welt, meinte Adolfo einmal. Er nahm sie ernst und behandelte sie wie einen *vernünftigen Menschen*, und das war ja etwas, was sie von den Männern fast immer vergeblich gefordert hatte. Er schmeichelte ihr auch nicht. Er achtete ihr Können und ihren Willen. Aber er wurde ihr auch *ein Lehrer, ein Erzieher und ein Vorbild.*

Und nun ist es an der Zeit, von Adolfos Nachteilen zu sprechen. Zum Teil bestanden seine Nachteile in den gleichen Eigenschaften, die auch seine Vorzüge ausmachten. Er war eben ein Schulmeister, »*pedantisch, kleinstädtisch, schulmeisterlich*«, dachte Fanny einmal, als sie wütend war. Er wollte sie bilden und erziehen, das hatte er mit Leopold gemeinsam. Auch seine Abneigung gegen Heinrich Heines Gedichte teilte er mit Leopold.

»Wie kann eine Frau wie Sie«, rügte Adolfo Fanny einmal, »*wie kann überhaupt eine Frau* es aussprechen, daß sie Heinrich Heine bewundert, diesen frivolen, schamlosen, diesen *wüsten Gesellen!* Wenn ich von Ihnen solche Dinge höre, ist mir immer, als sähe ich *kleine Flecke, kleine Federn auf einem weißen Prachtgewande.*«

Und Fanny schämte sich und gelobte Besserung.

Nicht alle Zeitgenossen mochten Stahr, oder fanden die beiden zusammen sympathisch. Es war »ihr Belehrungsorakel«, spottete zum Beispiel Georg Brandes über den Professor:

»Stahr bildete von vornherein ein Muster jener Gattung: Bildung ohne Naturell. Viele Kenntnisse, ein ganz Teil Lektüre, etwas Geschmack, ein wenig Takt – all diese Blumen in Sand gepflanzt ...«

Und Gottfried Keller urteilte noch härter, als er Jahre später das Ehepaar Lewald-Stahr ein »vierbeiniges zweigeschlechtiges Tintentier« nannte.

Es stimmt wohl, die beiden waren sehr von sich eingenommen. Vielleicht hatten sie zulange auf einander warten müssen. Eine solche Ehe, in der Mann und Frau auch geistig zusammenarbeiten, sich gegenseitig kritisieren und anregen, war außerdem etwas ganz Ungewöhnliches. In unserem Jahrhundert wurden Simone de Beauvoir und Jean-Paul Sartre dafür Vorbilder. An ihnen kann man Fanny und Adolfo zwar nicht messen, aber auch sie gaben sich Mühe, ihren gemeinsamen Weg zu finden.

Bis Fanny ihren Adolfo aber heiraten konnte, mußte sie noch zehn Jahre warten. Zehn lange Leidensjahre. Und das hing mit dem anderen großen Nachteil Adolfos zusammen. Er war nämlich, als sich die beiden kennenlernten, schon verheiratet.

»*Es ist wie bei so vielen dieser gelehrten Herren*«, hatte Adele Schopenhauer Fanny gleich zu Beginn in Rom aufgeklärt – gewarnt? »*Deutsche Sentimentalität mit ihren Vorzügen und Nachteilen. Frühe Verlobung, frühe Heiraten, ehe die Herrn mit sich selber fertig sind – und der Rückschlag bleibt dann selten aus.*«

In Oldenburg warteten also eine Frau und fünf Kinder darauf, daß Adolfo, nein: Professor Stahr, aus Rom zu ihnen zurückkehren würde. Oldenburg! *Was kümmerte* Fanny *Oldenburg!* Erst einmal mußten sie und Adolfo den römischen Frühling genießen. Sie mußten? Ja, sie mußten. Es war ein Zwang, der stärker war als sie selber, stärker als Gewissensbisse und Moral und die Angst vor der Trennung. Denn die Trennung würde ja unweigerlich kommen. Ende April war es soweit: Adolfo verließ Rom und reiste zu seiner Familie nach Oldenburg zurück, wo er *in beschränkten, fast kümmerlichen Verhältnissen, in einem elenden Klima, inmitten weiter, öder Moore lebte.* Ach, *das kleine, enge Oldenburg war kein Rom!*

Fanny aber blieb hoffnungslos und allein in Italien zurück. Einmal hatte ihr ein galanter Italiener ein Kompliment gemacht. Er könne sich gar nicht vorstellen, daß sie Romane dichtete.

»Und weshalb nicht?«

»*Wie kann man daran denken, Romane zu erdichten, wenn man jung* und schön *genug ist, sie zu erleben!*«

Nun aber befand sich Fanny mitten in einem Roman. Und noch dazu in einem von ihr selbst erdichteten. Das war doch wirklich merkwürdig.

In »Eine Lebensfrage« hatte sie ja über eine ganz ähnliche Situation und die Frage einer Ehetrennung und -scheidung nachgedacht. Nun wurde sie selber *in einer Ehestandstragödie eine der handelnden und mitleidenden Personen.* Dichtung und Leben wurden ihr, freilich unfreiwillig und anders, als sie es sich erhofft hatte, eins.

Erst zehn Jahre später, am 6. Februar 1855, heirateten Fanny und Adolfo. Sie lebten in Berlin, bis Adolf Stahr 1876 starb. Fanny aber, die vorher so gegen Ehe und Familie gewettert hatte, schrieb einen Monat nach der Hochzeit in ihr Tagebuch:

»*Heute vor vier Wochen war der Abend unserer Trauung, und ich genieße jetzt unsere bürgerliche Ehe als ein großes Glück. Jetzt muß ich zugeben, daß das sichere Beruhen, die Übereinstimmung mit dem Hergebrachten, auch sehr süß sind.*«

Emanzipation

»Ommm ... Ommmm ...«

»Hä? Was?«

»Oommm ...«

Ich wußte nicht sofort, wo ich war. Jedenfalls war das nicht das Rasseln des Weckers.

»Ooommm ...« Es klang eher wie ein Gong. »Om ...«

Fanny saß auf meiner Bettkante und summte vor sich hin. Sie ließ die Silben nachklingen. Volle, orangene Oooos und mollige, malvenfarbige Mmmms tönten im Raum. Ich rieb mir die Augen. »Was ... wie ... wie bitte?«

Fanny lachte. »Ich hab's!« rief sie. »Das Zeichen! Oooommmmm ...«

Ich blinzelte. Der Schleier vor meinen Augen verschwand allmählich, mit ihm die Seifenblasen, die ich im Zimmer umherschweben sah. »Was ist denn mit dir los?«

»Das Zeichen!« rief Fanny noch einmal. »Das sechste Zeichen an der Tür. Ich hab' es rausgekriegt.«

»Und deswegen mußt du hier reinplatzen und mich stören?«

Ich drehte mich auf die andere Seite. Das hinderte Fanny jedoch nicht am Reden.

»Das sechste Zeichen an der Tür ist das tibetische Zeichen Om. Der Urklang im Kosmos! Alles schwingt, weißt du. Ommm ...«

Ich seufzte vor mich hin aufs Kopfkissen, aber es kam nur ein Brummen heraus, ein eher müdes, ganz kleines Om.

»Damit haben wir auch die Zeichen an der linken Türseite entziffert«, dozierte Fanny weiter. »Hinduismus, Buddhismus, Taoismus, es ist ganz klar. Die Silbe Om ist übrigens ein Mantra, eine heilige Formel.«

»Sehr schön. Aber jetzt laß mich noch ein wenig dösen, ja?«

»Ist dir eigentlich klar, wie spät es ist?«

Das Mollige in Fannys Stimme machte etwas Spitzem Platz. Vor meinen Augen aber war zum Glück noch einmal ein neuer Schleier entstanden, Schlieren der geplatzten Seifenblasen.

Fanny rüttelte mich an der Schulter. »Los, aufstehen! *Go on! Vorwärts!* Damit habe ich mir immer geholfen.«

»Ach du! Du bist ja auch im Frühtau zu Berge geboren.«

»Von wegen. Mir fiel das frühe Aufstehen auch immer *sehr schwer*. Ich habe es aber gelernt, als ich den Pompadour für meine Mutter stickte und die Zeit so knapp wurde.«

»Ja ja, ich weiß, Zeit ist Geld.«

»*Zeit ist mehr als Geld, sie ist das einzige völlig unersetzliche!* Also los, steh endlich auf! *Was du von der Minute ausgeschlagen, bringt keine Ewigkeit zurück*.«

»Nur noch fünf Minuten«, bettelte ich. »Ich muß mich noch auf mein Mantra besinnen ...«

»*Keine halben Maßregeln! Keine Schwäche! und kein unnützer Zeitverlust, mein Schatz!*«

Sie machte tatsächlich Anstalten, mir die Decke wegzuziehen. Jetzt half nur noch die Flucht nach vorn. Ich mußte sie ablenken, sie zum Sprechen bringen, damit sie mich noch ein wenig in Frieden ließ. Nur fünf Minuten ...

»Wenn dein Vater gewußt hätte, wieviel Zeit du mit mir verplemperst. Und ich erst mit dir! Was hätte ich in der Zeit alles lesen können, in der wir uns unterhalten.«

»Das stimmt allerdings«, antwortete sie. »Die Menschen, so sagte mein Vater oft, die Menschen *bringen die Zeit mit unnützem Schwatzen hin, und beklagen sich dann über Mangel an Zeit. Wenn sie nur überlegen wollten, was sie von ihrem Plaudern mit andern haben, würden sie einen Widerwillen dagegen bekommen. – Daß man nicht Zeit haben könne, zu lesen und sich zu bilden, das war etwas, was der Vater in keinem Lebensverhältnis ›statuierte‹.*«

»Statu – was?« murmelte ich.

»Ja, tu was!« mußte ich hören. »*Selbsterziehung und Selbstverleugnung zum Besten anderer!* Mach endlich meinen *Wahlspruch: ›nicht müde werden!‹* auch zu dem deinen!«

Ich zog mir die Decke über den Kopf. Laß sie nur reden ...

»*Ich gehöre wahrhaftig nicht zu den Menschen, welche die Welt wie ein Arbeitshaus, wie eine Fabrik, und das Leben und Tun eines Menschen allein vom Standpunkt der Nützlichkeit betrachten. – Bloßes Genießen aber bereitet für das ernste Leben übel vor.*«

Leider mußte ich nach Luft schnappen. Ommm! Ommm!

Fanny aber war jetzt richtig in Fahrt.

»*Ich darf mir sagen, daß ich zu denen gehöre, die in Deutschland vielleicht am frühesten auf die unerläßliche Emanzipation der Frauen zur Arbeit hingewiesen haben. Und zwar zuerst aus sittlichen Gründen.*«

»Emanzipation?« machte ich sie ein bißchen an. »Ist das auch ein Mantra?«

»Emanzipation«, sagte Fanny feierlich – ihre Stimme klang dabei tatsächlich mollig und spitz zugleich, »*zu Deutsch:*

Befreiung aus dem Sklavenbande des weiblichen Geschlechts. Wenigstens wie ich diesen so vielfach gemißbrauchten Begriff verstehe. Die Emanzipation der Katholiken in Irland, die Emanzipation der Juden in Deutschland, und schließlich die Emanzipation der Neger in Amerika und der Leibeigenen in Rußland. Dafür kämpfen unsere Männer, als *wesentliche Siege der Vernunft.* Ihre *eigenen Frauen, Töchter und Schwestern* aber lassen sie *unter dem Banne der Ungerechtigkeit leben!*«

»Und Emanzipation heißt für dich also, wenn ich es recht verstehe, früh aufstehen und hart arbeiten?«

Vorsichtshalber hielt ich die Bettdecke fest.

»*Es ist, um gar keinem Zweifel über meine Forderung Raum zu lassen, es ist die Emanzipation der Frau, die ich für uns begehre; jene Emanzipation, die ich für mich selbst erstrebt und errungen habe, die Emanzipation zur Arbeit, zu ernster Arbeit.*«

»Das ist aber eine langweilige Emanzipation«, meinte ich. »Erzähl mir lieber noch was vom Om ...«

Fanny hatte sich inzwischen erhoben und war damit beschäftigt, einige Bücher und Papiere, die auf dem Fußboden verstreut lagen, einzusammeln.

»Man muß es endlich begreifen, daß *Arbeit für den M e n s c h e n , also nicht nur für die M ä n n e r , sondern auch für die F r a u e n eine Ehre ist!* Und den Männern möchte ich raten: *Behandelt uns wie Männer, damit wir tüchtige Frauen werden können –*«

»Für dich ist also eine tüchtige Frau ein Mann?« vergewisserte ich mich. Langsam wurde ich wach. »Emanzipation heißt, werden wie ein Mann?«

Fanny hielt inne und sah mich von oben herab an.

»*Es ist lächerlich und widerwärtig, wenn man immer wieder*

davon sprechen hören muß, daß mit der Gewerb- und Erwerbtätigkeit der Frauen der wahre weibliche Nimbus von den Frauen abgestreift würde«, erklärte sie. »*Und eben so widerwärtig ist es, wenn man Männer behaupten hört, Frauen, die etwas Ordentliches gelernt hätten, die selbst etwas Rechtes wären, verlören die Fähigkeit der wahren weiblichen Hingebung an den Mann.*«

Ich schob mein Kopfkissen höher und richtete mich ein wenig auf. Es war ungemütlich, daß sie so über mir stand. *Mit seitwärts verrenktem Halse* und dazu am frühen Morgen über Emanzipation reden müssen – ich würde Kopfschmerzen kriegen heute, ich spürte es schon ganz deutlich.

Fanny redete weiter. »*Worin besteht der sogenannte besondere Nimbus, der den Frauen durch die Arbeit verloren gehen soll?* Diesen – Heiligenschein der Weiblichkeit, *dies geheimnisvolle Etwas* hat mir nie jemand genau erklären können. *Freilich, die Weichlichkeit und die Geziertheit müssen daran gegeben werden, wenn eine Frau nicht in der Lage ist, andere für sich arbeiten zu lassen. Wer arbeiten muß, darf sich am Morgen nicht fragen, ob die leise Wolke, die auf seinem Gehirne liegt, wohl eine Migräne werden könnte? und darf nicht im weichen, mit Gardinen verhängten Lotterbette warten, ob die Migräne kommt.*«

Mit diesen Worten warf sie mir die Bücher und Papiere, die sie vom Boden aufgehoben hatte, auf die Decke.

Das *Lotterbett ... Müßiggang und Geistesleere ...*

Ich schaute auf die Buchdeckel. Fanny Lewald: »Osterbriefe für die Frauen«, Berlin 1863. *Den deutschen Handwerker- und Arbeitervereinen gewidmet* ... Fanny Lewald: »Für und wider die Frauen«. Vierzehn Briefe, Berlin 1870. Gewidmet John Stuart Mill, dem englischen Philosophen, der ein Buch gegen die »Hörigkeit der Frau« verfaßt hatte.

Ich gab mich geschlagen. »Also gut, ich stehe auf. Ich weiß ja, mein Lebenswerk wartet. Dann will ich also mal ins Bad und mich ein bißchen emanzipieren ...«

»*Beginnen Sie vor allem andern mit dem Werke der Selbstemanzipation*«, rief mir Fanny spöttisch nach, »– *oder der Emanzipation von Sich selbst und von Ihrer Eitelkeit und Putzsucht! Der Kleiderluxus der Frauen* – heutzutage ... *unverantwortlich* ...«

»*Ich kann es nicht oft genug wiederholen, welch' ein Glück das Arbeiten mir war, welch' einen Genuß das Schaffen mir gewährte. Wie mit einem Zauberschlage entrückte der Moment, in welchem ich mich an den Schreibtisch setzte und meine Hefte zur Hand nahm, mich allen meinen Sorgen ...*

Ich war froh, frei, mächtig und unverzagt ...«

Fanny hat es sich wirklich erkämpft. Sie war ja bald dreißig, als sie anfing zu schreiben. Richtig zu schreiben, nicht nur *mit erborgtem Gefühlsplunder* Tagebücher *vollzuwinseln* und *vollzuschmachten*, wie sie es selbst nannte.

Ihr Cousin, genauer, der Cousin ihres Vaters, August Lewald, druckte Briefe, die sie an ihre Tante Adelheid geschickt hatte, in einer Zeitung ab, Briefe über die Muckernprozesse in Königsberg, in die ja Fannys Lehrer Ebel verwickelt war. Fanny hatte gar nichts von der Veröffentlichung gewußt, und plötzlich konnte sie sich in schönen schwarzen Lettern gedruckt sehen.

August gab ihr also den zweiten Anstoß zu schreiben. Den ersten Anstoß verdankte sie ja Heinrich, davon aber hatte e r nichts gewußt. Als er Fanny seine Liebe für Ida mitgeteilt hatte, hatte sich Fanny *wie vernichtet* gefühlt. Eine Winternacht hatte sie sogar am offenen Fenster zugebracht. In ihrer Todessehnsucht hoffte sie auf eine Lungenentzündung, holte sich aber nicht einmal einen *elenden Schnupfen.*

An einem Sonntagnachmittag hatte sich Fanny so gelangweilt, daß sie an Heinrich schreiben wollte. Aber wie sollte sie sich von ihm lösen, wenn sie sich beim Briefeschreiben mit ihm unterhielt?

»Draußen fiel der Regen mit langsamer Einförmigkeit vom Himmel hernieder. Der ganze Horizont war von bleichgrauen Wolken überzogen, kein Luftzug rührte sich, kein Lichtstrahl ließ sich blicken, und das lähmende Gefühl, das nervös reizbare Menschen bei warmer und feuchter Luft oft plötzlich überfällt, lastete schwer auf mir ...«

Es war der Anfang einer Erzählung. Fanny aber hatte sie nach ein paar Tagen dick mit Rotstift durchgestrichen. Von sich als Talent hielt sie zunächst gar nichts.

Ein Jahr war vergangen. Fanny wohnte einen Winter lang bei Verwandten in Berlin. Nachdem sie so lange in ihrer Dumpfheit, Mutlosigkeit und Unfreiheit verharrt hatte, erwachte endlich das Verlangen in ihr, sich von Heinrich zu befreien.

Sie schrieb ihm einen Abschiedsbrief.

Freiheit, das hieß jetzt aber auch: grauenerregende Leere. Sie entwarf sich eine Diät für ihre Seele. Übersetzte Verse aus dem Englischen, ging in Museen und Gemäldegalerien, besuchte Fabriken. Vergessen konnte sie Heinrich nicht, *denn was wir erleben, wird ja ein Teil von uns selbst und kehrt uns, wenn auch nur in unsern Träumen wieder.* Aber sie konnte doch spüren, daß sich ihr Leben auch *vorwärts* bewegte. *Go on!* Hätte aber ihr Onkel August sie nicht ermutigt, wer weiß, sie hätte das Schreiben vielleicht nicht gewagt. Und ihr Vater mußte – so war es damals – es erst einmal erlauben. Ihr erstes Märchen war gedruckt, August schickte Fanny die erste Geldanweisung.

»*Und du denkst also wirklich daran, eine größere Arbeit anzufangen? Du willst also Schriftstellerin werden?*« fragte ihr Vater.

»*Wenn du nichts dagegen hast, lieber Vater! will ich es ganz gewiß.*«

Fannys Vater *zuckte mit den Schultern, wie er es zu tun pflegte,* wenn er etwas erlauben mußte, *was ihm nicht lieb war.* Hätte er es damals verboten, hätte sie ihm noch gehorcht und ihre Träume vom Schreiben aufgegeben.

»*Also eine Schriftstellerin!*« sagte Fannys Vater. Er küßte sie. »*Gott gebe dir Glück dazu!*«

Damit ging er hinaus, und Fanny war so *gerührt,* daß sie heulen mußte. *Feierlicher* war ihr selbst bei ihrer Hochzeit nicht zumute. Der Vater sprach sie frei – das hieß ja Emanzipation in der ursprünglichen Bedeutung des Wortes. Im römischen Recht bedeutete Emanzipation die förmliche Entlassung eines Sklaven oder eines erwachsenen Sohnes aus der Gewalt des Familienvaters. Oder die Freigabe eines Kindes für die Adoption oder die Abtretung eines Grundstückes an einen Käufer. Emanzipation hieß also nicht nur weggehen wollen und gehen. Es hieß für Fanny vor allem: weggehen wollen dürfen.

Nur eines durfte nicht passieren: Niemand sollte auch nur das geringste von ihrer Schriftstellerei erfahren. Dies Versprechen mußte sie ihrem Vater geben.

Die ersten drei Romane erschienen daher alle anonym, das heißt ohne Nennung ihres Namens. Zu Fannys großer

Belustigung hielt man eine greise alte Frau für die Verfasserin der »Clementine«. Das Versprechen, das sie ihrem Vater gab, zwang sie in den nächsten Jahren oft dazu, vor Verwandten und Freunden der Familie Komödie zu spielen und sich über ihre eigenen Romane zu unterhalten, als wären es die einer fremden Person.

Es schmälerte außerdem ihre Freude am ersten selbstverdienten Geld. Voll Stolz kaufte sie ihren Eltern nämlich ein Geschenk: Silbermesser für Butter und Käse. Aber die Worte »*Vom ersten Verdienste*« darauf setzen zu lassen, mußte sie sich verkneifen. Es durfte ja kein Fremder wissen. Ihr Bruder dagegen hatte auf sein erstes selbstverdientes Geschenk: silberne Serviettenhalter – die Worte: »*Die ersten Sporteln*« eingravieren lassen.

Und auch später, als Fanny mehr verdiente, durften nicht einmal ihre eigenen Schwestern wissen, daß sie sich selbst finanzierte. Der Vater verbarg es vor ihnen, weil ihm die *Selbständigkeit seiner Tochter als Ungehörigkeit* erschien. Seine Autorität als Familienoberhaupt hätte darunter leiden können. Lieber nahm er hin, daß die Schwestern neidisch auf Fanny waren und sie für bevorzugt hielten: Ihr spendiert der Vater eine Reise nach Rom ... Erst als er starb – 1846, während Fanny noch in Rom war –, erfuhren auch ihre Schwestern, daß Fanny selbst Geld verdiente. Ihren Schriftstellerkollegen in Berlin und Rom war ihr Name natürlich schon lange kein Geheimnis mehr.

Neben den vielen Romanen, Erzählungen und Reisebeschreibungen hat Fanny auch Kampfschriften verfaßt, in denen sie das Recht der Mädchen und Frauen auf Bildung sowie auf Arbeit und Gelderwerb fordert und begründet:

»Osterbriefe für die Frauen« und »Für und wider die Frauen«. Darin kritisiert sie aber, mehr noch als die Männer, die Frauen selbst.

»*Glauben Sie, daß ein verständiger Mann Ihnen irgend eine ernsthafte Bedeutung zutrauen kann*«, schreibt sie 1870 in »Für und wider die Frauen«, »*wenn er Sie auf Stelzenschuhen, in einer Kleidung, die von hinten und von vorn in ihren Aufbauschungen aussieht, als wäre ein altes Gardinenbett Ihr Schönheitsideal und als ließen Sie Ihre Kleider bei dem Tapezierer machen - glauben Sie, daß man Ihnen einen ernsthaften Gedanken zutrauen kann, wenn man sieht, wie es keine Abgeschmacktheit in Kleidung und Frisur mehr gibt, die Sie mitzumachen und womöglich noch zu übertreiben, nicht sofort beflissen wären –*«

Uff! dachte ich beim ersten Lesen. Wo fängt der Satz an, wo hört er auf? Man merkte, wie sie sich ordentlich in Empörung geschrieben hatte –

»*um durch diese Übertreibung die Blicke der Männer auf sich zu ziehen? Kann ein Mann Sie in diesen ›Costümen‹, die in allen Farben des Regenbogens schimmern, wirklich für Seinesgleichen halten? ...*

Ihre ganze jetzige Tracht, von Ihren kürbisförmigen Frisuren bis zu Ihren chinesischen Schuhen, ist die Erfindung der verrufensten französischen Frauengesellschaft ...«

Uff! Uff! Uff – diese Silbe schien mein Mantra zu werden. Das war wirklich starker Tobak. Tobak? Ob ich mir eine Zigarette genehmigen würde?

»Übrigens mag ich die *Manieren einer emanzipierten Frau* gar nicht.« Fanny hatte sich vor mir auf der Schreibtischkante niedergelassen.

»Ach Fanny, was willst du jetzt schon wieder. Störe mich doch nicht immerzu!«

»*Ich wiederhole diese neulich in einem meiner Briefe gemachte Bemerkung ganz absichtlich - es war töricht und kleinlich, daß man sich gerade in Deutschland so leidenschaftlich gegen die Emanzipierten erbitterte, weil ein paar Frauen, durch ihr kurz geschnittenes Haar, durch das Rauchen von Zigaretten, durch ihr Erscheinen an öffentlichen Orten und vielleicht auch durch manche Ausschreitungen in sittlicher Beziehung Anstoß erregt hatten.* – Das sind Extreme, die abzulehnen sind.«

»Fanny, ich möchte arbeiten. Immerhin schreibe ich an einem Buch über dich ...«

»*Jene nicht eben fördersamen Vorkämpferinnen der Frauen-Emanzipation sind vom Schauplatze unseres öffentlichen Lebens bald und schnell verschwunden. Nur das Schreckbild der ›emanzipierten Frau‹ ist als ihr Nachlaß spukhaft unter uns stehengeblieben.*«

»Ja, die Emanzen! Das ist heute genauso. Aber komisch, heute hält man auch dich für eine Vorkämpferin der Frauenemanzipation.«

Fanny grinste und griff sich ein Lakritzbonbon aus meiner Schreibtischschale – Arbeitsproviant.

»*Jetzt*«, sagte sie, wobei sie das Bonbon in den Mund schob, »*da fast ein Menschenalter vergangen ist, denke ich oft mit Lächeln und mit Bedauern daran zurück, wie mühsam wir dem Vorurteile Schritt für Schritt den Boden abgewinnen mußten, auf dem jetzt alle Frauen unbefangen stehen. Wie wir für uns selber erst haben erringen müssen, was alle jetzt in sorgloser Sicherheit genießen. Was war nicht alles anstößig in früherer Zeit! Was war nicht ungeziemend für eine Frau, und vollends für ein Mädchen! Ein Mädchen durfte keine Statue ansehen, die den Menschen nackt darstellte. Und mußte vor einem Bilde mit nackten Figuren das Auge abwen-*

den und, wenn es irgend möglich war, erschrecken und erröten! Ein Mädchen durfte allein nicht die kleinste Reise unternehmen und mußte selbst bei einer Fahrt von vier Stunden noch begleitet werden. Wir sollten gar keine eigene Meinung haben ...«

Da sie sich noch ein Lakritzbonbon griff, holte ich mir eine Zigarette aus der Schachtel.

»Es ist merkwürdig, Fanny, wie du einerseits eine Vorkämpferin der Emanzipation bist – wenn ich dich so reden höre, finde ich das wirklich interessant. Aber andererseits bist du auch eine Vorkämpferin der Anpassung. Die Frauen sollen wie die Männer werden und gleichzeitig sollen sie wiederum weiblich bleiben.«

»*Ich hätte ein Mann sein müssen!*« seufzte Fanny und wikkelte sich das dritte Bonbon aus. »*Oder eines großen Mannes Weib!*« Wir mußten beide lachen. »Trotzdem«, beharrte ich, »ich verstehe auch nicht, daß du die ausländischen Frauen immer so schlecht darstellen mußtest. ›*Verrufenste französische Frauengesellschaft*‹ und ›*zügellose Unsittlichkeit*‹ der Franzosen – was soll das? Ausschweifende Italienerinnen, wie Gräfin Gismonda in deinem Roman ›Treue Liebe‹ –«

»Die durch ihre auffällige Kleidung, das Rauchen von Zigaretten und überhaupt leidenschaftliches Verhalten eben *die gebildete Gesellschaft* abstößt!«

»Ich weiß. Nicht zu vergessen ihr *Ausruf der Freiheitslust* ... Und dann die ›*so lebensfrohen koketten Polinnen*‹, wie Gräfin Hedwig Daschkow in ›Die Reisegefährten‹, die immerhin einen römischen Prälaten zur Sinnesverwirrung, zum Meineid und zum Verbrechen führt. Oder Gräfin Wanda in ›Emilie‹, die zunächst so edel erscheint, dann aber sich als gleichgültig und herrschsüchtig entpuppt und ihren ergebenen Herbert *mit einem Anfluge von Spott* behandelt. Bei einer Frau, die ihr *starkes blondes Haar nach Männerart geschnitten* trägt, ist wohl auch nichts anderes zu erwarten.«

Ich hielt inne, denn Fanny blickte mich spöttisch an – auch ich habe ja kurze blonde Haare.

»Du scheinst meine Bücher ja sehr gründlich gelesen zu haben.«

»Ja, das kann man wohl sagen. Ich habe sogar einmal zusammengerechnet, wie viele Seiten ich von dir gelesen habe. Rate doch mal!«

»Na? Ich habe schon das *Bewußtsein, daß ich ein Dichter war und mich mit festem Bewußtsein stellen kann neben unsere Besten!* Aber wie viele Seiten ... sag es mir!«

»21.364 Seiten habe ich von dir gelesen. In Worten: einundzwanzigtausenddreihundertundvierundsechzig!«

Fanny nickte. »Übrigens verdiente ich am Schluß bis zu 30 Mark pro Manuskriptseite.«

»Ich wünschte, jemand zahlte mir das auch fürs Lesen!«

»Allein für den Vorabdruck meines letzten Romans, ›Die Familie Darner‹, bekam ich die Summe von 18.000 Mark.«

»Dann verstehe ich aber erst recht nicht, wieso du in deinen Romanen die Künstlerinnen so abschätzig behandelst. Zum Beispiel Leontine in den ›Reisegefährten‹. Als Halbspanierin natürlich eine ›*ächte Südländerin*‹ mit allem, was dazugehört: *leidenschaftliche Erregung, dreiste Selbstvergötterung*, Rastlosigkeit, Leichtsinn, Genußsüchtigkeit ...«

»*Krankhaft überreizte Phantasie!*« warf Fanny ein.

»Ja eben! Und daß sie Pianistin ist, ist doch bloß schmückendes Beiwerk. Den Männern ist eh ihre *süperbe Büste* wichtiger als ihre Kunst. Aber du als Autorin hättest doch ihre

Berufstätigkeit und ihren Ehrgeiz ernster nehmen müssen. Ihren ersten Auftritt benutzt du nur, um über das Wesen Beethovens nachzudenken. Und ihren letzten Auftritt gestaltest du als Blamage. Man ist ja nur *unangenehm berührt* von Leontines *abenteuerndem Künstlerleben.* Aber den Bildhauer Walter läßt du *selbstbewußt wie ein Herrscher* zwischen seinen Arbeiten umhergehen.«

Fanny saugte angespannt an ihrem Lakritz und blickte nachdenklich vor sich hin. So schien sie nicht zu bemerken, daß ich mir endlich meine Zigarette angezündet hatte.

»Und dann Adele im gleichnamigen Roman«, schob ich nach. »Eine Schriftstellerin, über deren Scheitern du dich geradezu lustig machst. Sie ist lächerlich in ihren maßlosen Wünschen. Oder nimm Marie in der ›Kammerjungfer‹. Sie langweilt ihren Karl nur mit ihren Beschwerden aus ihrem Arbeitsleben und verschreckt ihn damit. Hier habe ich die Stelle gerade: ›*Sie vergaß, daß ein Jüngling Freude zu finden hofft bei seiner Braut, nicht dies Klagen und solche Tränen* ...‹ Kein Wunder also, wenn er davon läuft? Geschieht ihr recht?«

»Aber es gibt auch Cornelie und Regina in den ›Wandlungen‹, oder Nella, oder Christel, oder, wie heißt sie noch – ich habe meine Namen nicht mehr so im Kopf. Es ist ja schon so lange her, daß ich die Sachen geschrieben habe. Wie heißt sie noch, das Mädchen in den ›Hausgenossen‹?«

»Phöbe?« »Richtig, Phöbe. Also diese Mädchen sind doch alle sehr ehrenwert.«

»Ja, aber sie alle arbeiten entweder nur als Ersatz für enttäuschte Liebe, oder ihre Emanzipation zu Arbeit endet mit der Heirat. Wie ja auch bei der Schauspielerin Hulda in ›Die Erlöserin‹. ›*Wenn du wüßtest, aus welcher Welt du mich entführst*‹, sagt die nämlich zu ihrem Baron, ›*du würdest es für eine Erlösung halten.*‹ Ich frage dich, Fanny: Ist das etwa die Emanzipation zu ernster Arbeit?«

»Na ja«, gab Fanny zu, »vielleicht bin ich selbst auch in manchem widersprüchlich gewesen.«

Sie steckte sich ein weiteres Bonbon in den Mund, das wievielte, hatte ich aufgehört zu zählen. Sie schmunzelte.

»Die *gehätschelte Nervenschwäche der Frauen, Redseligkeit, Naschsucht* – ganz frei war ich auch davon vielleicht nicht. *Eine der schlimmsten Eigenschaften der Frauen ist* ja, *daß sie in der Regel keinen gesunden Appetit haben. Sie sind meist naschhaft, bisweilen gefräßig* ...«

»Warte doch bis zum Abendessen. Andreas müßte die Spaghetti bald fertig haben.«

»Wieso Andreas? Der Mann muß als *das erziehende Prinzip im Hause tätig* sein, nicht als Koch.« Fanny schaute mich entrüstet an. »Die *Vorsorge für den Hausherren* muß *die erste Angelegenheit des Hauses darstellen.* Ordne *seinem Bedürfnis, seinem Wunsche, seinem Willen* deine Bedürfnisse *ehrlich unter!* Ein *freiwilliger und bewußter Gehorsam* –«

»Fanny, Andreas und ich haben uns so abgesprochen. Ich schreibe jetzt an meinem Buch, und er kocht die Spaghetti.«

»Das verträgt sich nicht mit meinem *Ideal von männlicher Würde!* Sind wir *verständige, ergebene, vorsorgliche Gattinnen? Gutgeschulte, aufmerksame Mütter?* Ich *gehöre zu den Hausfrauen. – Ich selbst und eine recht große Zahl von Schriftstellerinnen, haben unseren Männern und unseren Familien nicht Anlaß gegeben, sich darüber zu beschweren, daß* –«

»Fanny, niemand hat dich angegriffen. Aber du tust

gerade so, als würde ich den Mann unterdrücken, wenn er Essen kocht.« »Man soll nicht die Würde des Mannes *durch niedrige Alltäglichkeit profanieren.*«

»Aber du selber siehst doch auch *in jenem Kleinkram des Haushaltes, den jede ordentliche Hausfrau alltäglich zu bewältigen* hat, eine *Beschränkung der Frauen.* Hast du nicht selber sogar die Einrichtung von Speisehäusern und Volksküchen gefordert?« »Nun, allerdings haben Stahr und ich in Rom *bei einem Speisewirte feiner, besser und billiger gegessen,* als ich es hätte besorgen können. *Und unsere Häuslichkeit und unsere Zufriedenheit haben niemals einen Abbruch erlitten, wenn ich oft halbe Jahre lang auf Reisen keinen Kochtopf angerührt habe.* Aber es war mir immer *eine Wonne,* wenn Stahr etwas forderte. *Ich liebe meinen eigenen Herd, weil ich die Küche verstehe.* Das ist *namentlich bei* euch *jungen Frauen gar nicht immer der Fall, denn das ›Süppchen‹,* das ihr dem *geliebten Manne bereitet, ist oft herzlich schlecht!*«

»Schade, ich wollte dich gerade morgen zur Suppe einladen. Aber wir können ja auch mal, wenn wir diskutieren wollen, zusammen essengehen?«

»*Es ist nicht Brauch, und ich strebe nicht danach, es gebräuchlich zu machen, daß wir ohne männliche Begleitung in Speisehäuser gehen.* Und halte es nur fest: *Die Emanzipation der Frauen zu Arbeit und Erwerb ist ein Mittel zur Beförderung der Ehe und zur Erhebung und Versittlichung des Familienlebens überhaupt.*«

Ich blies ihr den Zigarettenrauch ins Gesicht.

Da war der Spuk endlich verschwunden.

Und es klopfte auch schon an der Tür. Es war Andreas.

»*Kein unnützer Zeitverlust, Schatz!* Die Spaghetti sind fertig ...«

Etwas ganz anderes

»Langweiliger als die Gesellschaft, in der wir leben, kenne ich nichts. Eine frostige Moral, eine tugendhafte Bequemlichkeit, oder bequeme Tugend, keine leidenschaftlichen Zuneigungen, keine leidenschaftlichen Abneigungen, kein großer Zwang, keine rechte Freiheit. Daneben eine kümmerliche Wohlhabenheit, kein schöner Luxus, keine rechte Lebenslust, und das übergossen mit einer trocknen Teilnahme billigster Art an Literatur und Kunst, die wie der wohlfeile kandierte Mohn über die zähen Brode der Alltäglichkeit gestreut wird.«

Fanny Lewald, »Gefühltes und Gedachtes«, 13. Oktober 1856

»Und wenn draußen der grause Schneesturm die dicken weißen Flocken gegen die niederen Fenster trieb, daß die bleichgelbe Nachmittagssonne kaum hineindrang - während das Meer in dumpf rollenden Schlägen auf die zu Eis gefrorenen Ufer niederfiel, konnte sie oft lange sitzen, und ohne zu lesen die aufgeschlagenen Bände ansehen. Als müßte aus dem rauhen grauen Papiere und zwischen seinen Linien noch etwas ganz anderes herauszulesen sein, als was darin gedruckt stand.«

Fanny Lewald, »Die Erlöserin«, Roman, Berlin 1873

Aber immer noch bleibt da eine Sehnsucht.
Ach Fanny, Dich kann ich mir nur im Winter vorstellen.
Am Schreibtisch sitzend, blickend in den Himmel,
der grau ist und schwer von Sehnsucht und Schnee.

Den Mädchen sagst Du nach, sie könnten ihre erste Liebe nicht vergessen.
Das stimmt
und stimmt nicht:
Nicht vergessen kann man nur die Unerreichbarkeit
der ersten Liebe.

Dagegen hast Du angeschrieben.
Und ich schreibe gegen Deine Unerreichbarkeit an.

Über Dich zu schreiben, Fanny, gleicht ja Deinem Unternehmen Pompadour. *Eine Taube auf Rosen und Vergißmeinnicht.*
Welches Muster ich für die andere Seite wähle,
weiß ich noch nicht.
Noch nicht einmal die erste Hälfte habe ich geschafft.
Aber kein Vater wird kommen und mir die Stickerei zerschneiden.

Fanny, Hanni und Nanni saßen auf der Hollywood-Schaukel und fraßen – denn verzehren kann man es beim besten Willen nicht nennen – selbstgemachte Königsberger Klopse.

»Sie sind nicht ganz echt«, sagte Fanny. »Es fehlt der halbe Salzhering darin.«

»Wir wollen die Klopse in Zukunft einfach ›Fannys Knödel‹ nennen«, schlug Nanni vor.

»Oh, how funny«, kicherte Hanni.

Fanny überlegte, ob sie mit den beiden eine Reise nach Kaliningrad planen sollte. Man könnte ein Sportflugzeug chartern und versuchen, im Tiefflug das russische Radarsystem zu umgehen. Sie könnten auf dem Kneiphof landen.

Von oben würden sie ihr Vaterhaus in der Kneiphöfischen Langgasse sehen und die sieben Pregel-Brücken, die einst das Königsberger Brückenproblem sprichwörtlich gemacht hatten, und natürlich die neue Eisenbahnbrücke und den Fernsehsender und –

Aber das ist nun wirklich eine andere Geschichte.

Literaturhinweise

Eine vollständige Auflistung der gelesenen Literatur von Fanny Lewald würde zu weit führen; einige Romantitel wurden bereits im Text genannt.
Die Darstellung ihrer Lebensgeschichte bezieht sich vor allem auf folgende Bücher:

Fanny Lewald: »Meine Lebensgeschichte«, 6 Bände, Berlin 1861 - 1862
(Gekürzter Abdruck dieser Originalausgabe, herausgegeben von Gisela Brinker-Gabler, Frankfurt 1980 = Fischer-Taschenbuch Nr. 2047)
Die meisten der hier erwähnten Episoden aus der Lebensgeschichte sind in der Taschenbuch-Ausgabe nicht abgedruckt.

Fanny Lewald: »Italienisches Bilderbuch«, Berlin 1847
(Neu herausgegeben von Therese Erler, Berlin/DDR 1983)

Fanny Lewald: »Römisches Tagebuch« 1845/46, herausgegeben von Heinrich Spiero, Leipzig 1927

Fanny Lewald: »Gefühltes und Gedachtes« (1838 - 1888), herausgegeben von Ludwig Geiger, Dresden und Leipzig 1900

Fanny Lewald: »Erinnerungen aus dem Jahr 1848«, in Auswahl herausgegeben von Dietrich Schaefer, Frankfurt 1969

Personenhinweise

Amely Bölte war Zeitungs-Korrespondentin in London. Ihre »Neuen Mitteilungen über Fanny Lewald« wurden 1891 im »Magazin für Literatur«, Berlin, abgedruckt. (S. 18)

Karl Frenzel war Romanschriftsteller und Redakteur der Berliner National-Zeitung. Seine »Erinnerungen und Strömungen« erschienen 1890 in Leipzig. (S. 18)

Immanuel Kant (1724 - 1804) verbrachte sein ganzes Leben in Fannys Heimatstadt Königsberg. Seine bedeutendste philosophische Leistung ist die Begründung einer Pflichtethik. Als Fanny erst acht Jahre alt war, erklärte ihr Vater ihr schon Kants philosophisches Konzept des ›kategorischen Imperativs‹: »Handle so, daß die Maxime deines Willens jederzeit zugleich als Prinzip einer allgemeinen Gesetzgebung gelten könne.« (S. 50)

Heinrich Heine (1797 - 1856), Dichter und scharfer Kritiker seiner Zeit, lebte ab 1831 in Paris. Dort hat ihn Fanny Lewald später, in den Jahren vor seinem Tod, auch besucht. Ihre Erinnerungen an Heine hat sie in ihrem Buch »Zwölf Bilder nach dem Leben«, das auch Porträts anderer berühmter Leute entwirft, aufgeschrieben (Berlin 1888). (S. 57)

Rembrandt (1606 - 1669), niederländischer Maler. (S. 67)

Michelangelo (1475 - 1564), italienischer Bildhauer, Maler und Baumeister. (S. 68)

Arthur Schopenhauer (1788 - 1860), Philosoph, dessen Schriften zu seinen Lebzeiten wenig gelesen wurden, im Gegensatz zu den Romanen und Reisebeschreibungen seiner berühmten Mutter Johanna Schopenhauer, die z.B. von Goethe sehr geschätzt wurde. (S. 74)

Tizian (ca. 1477 - 1576), italienischer Maler. (S. 75)

Georg Brandes (1842 - 1927), dänischer Literaturhistoriker und Kritiker, der Skandinavien Anschluß an internationale Geistesrichtung vermittelte. Über Fanny Lewald schrieb er in seinem Buch »Deutsche Persönlichkeiten«, München 1902. (S. 81)

Gottfried Keller (1819 - 1890), Schweizer Dichter, mit dem übrigens Heinrich Simon, als er in der Schweiz im Exil lebte, befreundet war. (S. 81)

Jean-Paul Sartre (1905 - 1980) und Simone de Beauvoir (1908 - 1986) waren mehr als 50 Jahre in Liebe, Freundschaft und Arbeit miteinander verbunden. Beide waren Schriftsteller und Philosophen.(S. 82)

August Lewald (1793 - 1871), Schriftsteller und Gründer der Zeitschrift »Europa«, die lange Zeit auf dem Gebiet der Kunst und Literatur tonangebend war. (S. 89)

Mit dem »Schreckbild einer emanzipierten Frau« ist unter anderem auf die französische Romanautorin George Sand angespielt. Sie veröffentlichte unter diesem angenommenen männlichen Namen, ging in Männerkleidung ins Theater und nahm sich das Recht auf freie Liebe. Zwar wurde Fanny Lewald von ihren Zeitgenossen auch »die deutsche George Sand« genannt, sie unterschied sich aber sehr von ihrer französischen Kollegin. (S. 94)